KB119556

리셋하고
리드하라

일러두기

- 코로나 바이러스는 현재 세계 보건 기구에서 'Corona Virus Disease'를 줄여 'Covid19'라 부르고 있지만 이 책에서는 우리나라에서 통상적으로 쓰이는 '코로나19'로 표기했습니다.

리셋하고 리드하라

장은지 지음

위즈덤하우스

포스트 코로나. 시대의 화두다. 그리고 이 화두에 가장 집중해야 할 사람들은 바로 이 시대의 리더들이다. 세상의 법칙이 변했기 때문이다. 이를 그 누구보다도 통찰력 있게 간파해서 이야기해줄 수 있는 사람이 필요하다. 내가 아는 한 그런 인물은 단연코 장은지 대표다. 사실, 그는 심리학자를 했어야 할 사람이다. 뛰어난 관찰력과 환경적 요소를 결합시켜 그 누구보다도 현실성 있는 이야기를 해줄 수 있는 전문가니 말이다. 이런 책은 경험이 많다고 쓰는 것이 아니다. 고민을 많이 했다고 쓸 수 있는 것이 아니다. 그 분야의 전문 지식이 많다고 쓰는 것도 아니다. 이 세 요소를 모두 넘치도록 가지고 있는 사람만이 쓸 수 있는 책이다. 이 책은 단순히 기업 조직의 리더뿐만 아니라 정치인, 교육자, 심지어 가정의 부모 등 누군가를 이끌고 있는 모든 사람들이 읽어야 하는 책이다.

>>> **김경일 (인지심리학자, 아주대학교 심리학과 교수)**

일상을 바꾼 팬데믹이 일터에 미친 가장 큰 영향은 조직 문화와 인재 상의 전환에 있다. 이런 시대에 『리셋하고 리드하라』는 뉴 노멀 시대, 뉴 프로페셔널이 지향해야 할 '일 잘하는 법'에 대한 노하우를 필자의 경험과 이론을 통해 흥미롭게 소개한다.

>>> **김현진 (<동아비즈니스리뷰> 편집장)**

오랫동안 조직과 인적 역량의 퍼즐에 집중해 온 장은지 대표의 혜안을 엿보는 것은 새로운 시대의 생존을 위한 절호의 기회다. 뉴 노멀과 포스트 코로나는 일시적인 변화가 아니라 새로운 세상의 룰이 될 것이기 때문에 더욱 그러하다.

>>> **박영훈 (GS홈쇼핑 신사업전략그룹 부사장)**

코로나 19와 더불어 언택트 중심의 급격한 경영 환경 변화는 경영자와 직원 모두에게 충격적이다. 더구나 이는 일시적이 아닌 추세적 변화의 시작이며 업무 방식에 있어 심각한 패러다임 시프트를 요구한

다. 지난 몇 년간 조직과 조직 문화, 그리고 리더십 혁신에 대한 장은
지 대표의 뛰어난 통찰력을 지켜본 사람으로서 이 책이 새로운 도전
을 극복해 나가는 데 큰 도움이 될 것이라 믿는다.

>> 이근모 (㈜대림 대표이사·사장)

저자는 '커리어'와 '일하는 방식'이란 주제에 있어 내가 가장 존경하
고 신뢰하는 전문가 중 한 사람이다. 일과 삶의 전반에 폭풍 같은 변
화가 휘몰아치는 지금, 길 잃고 헤매지 않으려면 나침반이 필요하다.
이 책 한 권만 꼭꼭 씹어 제대로 소화할 수 있다면, 저마다 원하는 그
곳으로 두려움 없이 달려갈 수 있을 것이다.

>> 이나리 (㈜플래너리 대표, 전 제일기획 이노베이션센터 센터장)

코로나 시대를 거치며 우리는 깨닫게 되었다. MZ세대가 이 시대를
완벽하게 주도하고 있다는 사실을. 더불어 이제 변화의 흐름을 이해
하는 것으로는 부족하며 생각보다 훨씬 과감하게 움직여야 한다는
것을. 이 책을 통해 장은지 대표가 친절하게 좌표를 찍어주고 불도 밝
혀주고 있어 참으로 다행이라는 생각이 든다.

>> 이은형 (국민대학교 경영대학장, 『밀레니얼과 함께 일하는 법』 저자)

기업 경영과 관련해서 그동안 수많은 위기와 변화의 소용돌이가 있
어 왔으나 현재의 변화는 그 결을 달리하고 있다는 느낌이다. 특히 내

가 몸담고 있는 금융 산업의 변화 양상을 보면 고성장에서 저성장(New Normal)으로, 국내에서 세계로, 아날로그에서 디지털로, 공급자 중심에서 수요자 중심으로, 수직적 환경에서 수평적 환경으로 과거의 변화와는 차원을 달리하는 경영 환경 변화가 다원적으로 몰아치고 있다.

이런 환경 변화에 대응하여 많은 기업과 경영자들이 새로운 시대에 걸맞는 새로운 전략, 흔히 국제화(Globalization)와 디지털 전환(Digital transformation)을 앞세우고 있다. 내가 20여 년 근무한 글로벌 금융 보험 그룹에서의 경험에 의하면 패러다임이 바뀌는 경영 환경의 변화에 대응하기 위해서는 전략도 중요하지만 그 전략의 실행력을 극대화하고 새로운 시대 정신(예를 들어 고객 중심, 수평과 자율 등)을 담아낼 수 있는 조직의 문화와 일하는 방식, 즉 사업을 운영하는 타겟 오퍼레이팅 모델(Target operating model)에 대해 치열하게 고민하는 것이 무엇보다도 중요하다. 그러나 안타깝게도 여전히 이에 비해 국내 기업의 경우 전략에 대한 고민들은 과할 정도로 하고 있으나 새로운 시대 상황에서 전략의 실행을 위한 조직 문화와 일하는 방식에 대한 고민의 양은 충분하지 못한 것 같다.

국내 최고의 조직·리더십 전문가인 장은지 대표의 이번 저서가 고객 중심의 시대, 글로벌 시대, 디지털 시대, 수평·자율적 시대, 개방의 시대를 살아나가야 할 한국의 기업과 경영자들에게 새로운 관점과 용기를 주는 계기가 되었으면 하는 바람이다.

>> **정문국**(오렌지라이프 전 사장·고문)

코로나19의 영향으로 우리의 일상과 기업 환경에 많은 변화가 일어나고 있다. 모든 기업들이 한 번도 경험하지 못한 언택트 경영 환경에 당혹스러워 하고 있으며 조직과 인재상 정립에 혼란을 겪고 있다. 이 시점에서 국내 최고 조직·리더십 전문가인 장은지 대표의 책을 접하고 새로운 환경에서의 일을 하는 방법과 더 나아가 기업에 필요한 인재상까지 미리 준비할 수 있어 복잡하고 불확실한 시대에 큰 위로가 되었다. 취직을 준비하고 있거나 이미 직장에 다니고 있는 실무자들, 그리고 기업의 인사 담당자뿐만 아니라 경영자들도 꼭 숙독해야 할 '코로나 백신'과도 같은 책이다. 혼란스러운 이 세상에 『리셋하고 리드하라』가 출간되어 참으로 다행이다.

>> **조준희** (한국소프트웨어산업협회 회장)

리셋하고 리드하라

얼마 전 한 대기업에서 급히 동영상 강의 촬영 요청이 있었다. 마침 시간이 되어 답변을 주고 자료를 만들어 보내고 동영상을 찍는 데 채 며칠이 소요되지 않았다. 3~4개월 만에 다시 가보니 아예 강의 촬영 목적으로 아담한 전문 스튜디오를 만들어 두셨다. 그런데 촬영 준비하는 과정을 지켜보니 이런저런 돌발 상황이 생겼다. 카메라 높이가 맞지 않거나, 준비한 강의 교안이 강의용 PC에서 잘 실행되지 않거나, 마이크 소리에 잡음이 들어가서 다시 녹음하기도 했다. 아니나 다를까 기획하는 직원들, 촬영을 준비하는 직원들 모두 코로나19 전엔 이런 일을 해본 적이 없다며 겸연쩍게 웃으셨다. 나 또한 되돌아보면 코로나19 전에는 동영상 강의를 그다지 환영하지 않았던 것 같다. 강의가 필요한 경우, 온라인 강의보다는 참석자들과 소통이 편한 현장 강의를 선호하는 편이었다. 그런데 코로나19, 언택트 시기를 보내면서, 이제는 촬영 중에 알아서 슬레이트도 치고 줌이나 팀즈, 심지어 클럽하우스에서 이야기를 해달라는 요청도 껄끄럽지 않게 받아들이게 되었다.

강의를 마친 후 담당자와 재택근무에 대한 이야기를 나누었는데, 몇 년 전에도 재택근무를 내부적으로 검토했었지만 회사의 전략이나 수용도 등을 고려하여 2030년 즈음에나 단계적으로 해보자고 미뤘었다고 한다. 그런데 놀랍게도 코로나19가 시작되고 3개월 만에 전면적인 재택근무 체제가 만들어졌다고. 덧붙여 그는 나에게 오늘 촬영 준비가 미숙했다며 양해를 구했다. 미안해 하는 그에게 나는 전혀 문제 없었다고, 우리 모두에게 이런 변화는 처음이라 낯설기만 한데 오히려 이렇게 빨리 변화를 준비하시는 것이 놀랍다고 이야기했다.

우리는 모두 일 년 넘는 시간 동안 코로나로 인해 엄청난 변화들을 겪고 있다. 이 책을 쓰게 된 계기도, 코로나19로 오프라인 모임을 하지 못하게 된 상황에서 한 커뮤니티 서비스가 기획한 온라인과 모바일 세미나 때문이었다. 조직과 리더십에 대한 경영 컨설팅을 주로 하는 지금의 회사를 시작하기 이전, 글로벌 컨설팅사에서 근무할 때부터 수년간 지속적으로 경영자와 리더들에게 전달해오던 경영 패러다임 변화에 대한 이야기는 사실 이 책에 쓴 이야기와 크게 다르지 않다. 그러나 코로나로 인한 언택트, 디지털라이제이션이 가속화되면서 사람들은 빠르게 이러한 변화와 미래에 대한 불안을 연결시켜 본인을 투영하게 되는 것 같다.

이미 이러한 불안을 겨냥해 코로나, 언택트 이후의 사회를 전망하고 대책을 알려주는 책들은 충분히 많다. 하지만 우리는 단순히 코로나 전후 시점의 변화에 천착하면 안 된다. 이 변화는 코로나가 없었어도 이미 일어날 변화였기 때문이다. 코로나19가 없었어도 우리는 노령화로 인한 인구 절벽, MZ세대 변화, 리모트 워크, 관료주의의 종말, 디지털라이제이션에 대한 고민을 오랫동안 이어오고 있었다. 다만 코로나19는 그 변화를 훨씬 앞당겨 가속화시켰을 뿐이다. 그리고 한두 달이 아닌 일 년이 넘는 팬데믹 기간 동안의 경험을 통해 우리는 그렇게 변화해도 그럭저럭 괜찮다는 것을 깨닫게 되었다.

팬데믹이 끝나고 일상으로의 회복으로 돌아가도 우리는 이미 불가역적인 행동과 마음의 변화를 겪었기에 예전과는 다른 삶을 살아갈 것이다. 매일 출근하지 않아도 큰 문제가 없고, 첫 만남이 화상 미팅일지라도 예의에 어긋나지 않는다는 기준이 생겼다. 이전에 해보지 않았던 시도를 하는 것도, 그 시도가 다소 서툴어도 큰 문제가 없다는 것도 알게 되었다. 대신 사람과 사람 간의 소통과 연결의 욕구가 얼마나 강한지, 사회와 사람들의 변화 적응력이 얼마나 대단한지에 대해서도 역설적으로 깨닫게 된 계기가 아닐까 한다. 그렇게 우리는 산업화에 묻혀 있던 인간의 욕구와 자연스러움이 다시 발원하는 시대로 접어들었다.

이 책은 포스트 코로나를 포함한 우리 시대의 사회, 경영 환경, 기업 조직과 일터, 그속에서의 개인과 인재상에 대한 변화 전망을 담고 있다. 이미 많은 기업들은 테일러리즘에 기반한 통제와 명령, 관리의 조직에서 벗어나 새로운 조직 운영의 방정식들을 실험하고 있는 중이다. 그러한 변화는 젊은 세대를 위한 시혜적 변화가 아니다. 이미 노령화, 저성장, 디지털라이제이션 등의 거시적 변화에 자연스럽게 맞물려 기업의 생존을 위해 어쩔 수 없는 '예측된 변화'다.

하지만 이미 예측된 변화임에도 이를 현실에 적용하는 것은 쉬운 일이 아니다. 코로나19로 인하여 그 변화가 더욱 가속화되고 있기에 더욱 그러하다. 결국 기존의 관습을 끊어내고 새로운 일의 질서로 얼마나 빨리 '리셋(Reset)'할 수 있는지가 향후 기업의 생존을 가르는 기준이 될 것이다. 이미 이러한 '질서의 재편'을 보여주는 사례가 점점 선명해지고 있다.

이 책에서는 관리와 통제의 관습을 벗어난 조직 구조와 시스템으로의 리셋, 그 안에서 요구되는 새로운 인재상과 일하는 방식에서의 리셋, 그리고 현재의 불확실성을 뚫고 미래 인재로 성장하기 위해 갖추어야 할 역량과 마인드셋에서의 리셋이 각각 무엇을 의미하는지 단계적이고 구체적으로 다루었다.

무엇보다도 여전히 변화가 없는 조직 또는 변화의 쓰나미를 겪고 있는 조직 안에서 신구(新舊) 가치관의 충돌로 혼란을 겪고 있는 직장인들, 그리고 관리자와 경영자들에게 현재의 상황을 총체적 관점에서 인식하고 이를 조직 운영에 적용하는 것뿐만 아니라, 개인의 커리어 방향 설정에도 도움이 될 만한 메시지를 쉽게 담아보려고 애썼다. 특히 시대 변화의 파고에 맞서 서핑하고 있는 혁신가 뉴 프로페셔널들의 이야기, 그들이 성공할 수밖에 없는 이유는 무엇인지에 대해 인터뷰를 통해 구체적인 스토리들도 담았다. 대립과 충돌의 시대 속에서 결과적 상황에 머무르지 않고, 시대를 조망하고 함께 성장할 수 있는 기회를 찾는 데 도움이 되길 바란다.

이 책을 내는 데 있어 누구보다 적극적으로 인터뷰해주시고 성공의 사례들을 나누어주신 오렌지라이프 정문국 고문님, 이 책을 쓰게 된 계기를 마련해준 헤이조이스 이나리 대표님, 본인의 스토리를 들려주시고 영감을 불러일으켜주신 지구인컴퍼니 민금채 대표님, 오렌지라이프 천지원 코치님, 토스 이승건 대표님과 뱅크샐러드 김태훈 대표님, 존경하고 신뢰하는 리더 센트럴그룹 강상우 총괄사장님에게 깊은 감사의 마음을 전한다. 같은 비전을 가지고 조직과 리더, 인재들을 바꾸는 일에 매진하고 있는 우리 이머징리더십인터벤션즈의 동료들, 항상 조언과 도움을 아끼지 않으시는 강북삼성병원 기업정신건강연구소의 신영철 교수님, 조성준 교수님, 그리고 서울대학교병원 정신건강의학과 윤대현 교수님께도 지면을 빌어 감사의 말씀을 전하고 싶다. 바쁜 일정 배려해주시고 부족한 원고를 잘 정리하도록 도와주신 김소정 님과 최서윤 님께도 감사 인사를 전한다. 그리고 언제나 한결같이 커리어를 지지해주고 응원해주는 남편과 부모님에 대한 감사와 더불어, 항상 바쁜 엄마를 이해해주고 씩씩해서 고마운, 소중한 딸 정지인에게도 기억할 수 있는 선물이 되었으면 좋겠다. 아이가 살아갈 가까운 미래는 부디 주변의 인정이나 눈길이 아닌, 자신만의 경로로 행복을 찾아나서는 것이 자연스럽게 받아들여지는 사회가 되었으면 한다.

마지막으로 시대의 변화 속에서 고분분투하고 있는 리더와 팔로워를 포함한 모든 '일잘러'들에게 이 책의 말미에 써 둔 메시지를 다시 전하고자 한다.

"완벽하지 않아도 괜찮습니다, 우리는 모두 어설프고 불완전한 존재들이니까요. 나의 불완전함을 인정할 때, 우리는 항상 더 나은 사람이, 더 나은 리더가 될 수 있습니다."

장은지

차례

추천사   005

프롤로그 | **리셋하고 리드하라**   010

1장 | 관리와 통제의 시대는 완전히 끝났다

개인의 시대, 우리는 자유롭게 일한다   023
조직 생활에 얽매이지 않는 독립형 근로자들 024 | 조직의 안락함 대신, 콜라보와 융합의 시너지를 믿어라 026

조직보다는 개인의 가치에 집중하라   031
조직 생활의 전제가 무너진다 032 | 꿀 빠는 조직에서 탈출하라 033 | 조직보다는 '일의 의미'를 믿어라 036

평생직장이 아닌 '평생 하고 싶은 일'에 집중하라   039
출퇴근, 사무실, 관리자가 필요 없는 시대 040 | 하나의 직업은 옛말, 멀티플 잡의 보편화 041

언택트 시대가 가져온 일터의 변화들   045

현금 부자인 석유 회사, 왜 계속 돈이 필요할까 046 | 글로벌 시가 총액 기업들의 순위 변화가 의미하는 것 048

과거의 성공 법칙은 더 이상 통하지 않는다   052

명령과 통제에 갇힌 조직의 특징 053 | 언제까지 100년 전 성공법을 따를 것인가 056

복잡계의 시대를 살아가는 해법   058

변동성 : 빠르게 재편되는 조직 체계를 갖춰라 060 | 불확실성 : 계획서보다 시장의 변화에 일단 대응하라 062 | 복잡성 : 과거의 경쟁자를 미래의 파트너로 만들어라 064 | 모호성 : 정답보다는 열린 논의를 지향하라 066 | 복잡계 환경이 조직에 가져오는 변화 067

2장 | 조직을 리셋시키는 혁신적 질문들

수직 위계 조직이 업무에 도움이 되는가   073

기계적 조직에서 유기적 조직으로의 진화 074 | 보여주기식 보고서보다 실행력이다 077

누구를 위해 일해야 하는가   080

상사가 아닌, 고객 중심으로 사고하라 081 | 씨름 선수가 아닌, 피겨 스케이팅 선수처럼 일하라 084

무엇을 무기로 삼아 일해야 하는가   088

자율과 책임의 조직 문화가 유능한 인재를 끌어당긴다 089 | 직급 상관 없이 자신의 일에 책임을 져라 093 | 방향성은 회사의 책임, 실행력은 실무자의 권한 096

민첩한 조직이 되기 위해 무엇을 버릴 것인가   099

조직 내 관리의 층계를 줄여라 101 | 중간 관리자를 과감히 없애라 107 | 무임승차자가 생겨나는 환경을 버려라 111

독립적이고 자생적인 조직은 어떻게 일하는가   117

코로나가 알려준 일 잘하는 조직의 비밀 118 | 변화를 리드하는 조직과 외면하는 조직의 갈림길 120 | 500만 원 광고가 1억 원 광고보다 더 잘 된 이유 124

3장 | 개인을 리셋시키는 뉴 프로페셔널 법칙

상사와 회사가 아닌, 고객을 만족시켜라   129
'조직에 대한 충성'보다는 '경험'이다 130 | 조직과 개인은 기브 앤 테이크 관계 132

관리자가 될 것인가 VS 전문가가 될 것인가   138
실무를 책임질 허리층이 사라진 조직 139 | 승진은 신분 상승이 아니라 새로운 역할 부여
다 141

큰일을 작게 나누고 함께 일하라   145
적극적으로 빠르게 실패하라 146 | 실패에서 배우고 혁신으로 나아가라 147 | 큰일을 작
게 실패하는 법 149 | 리더의 직관보다 실무자의 경험을 믿어라 151

리더와 팔로워, 서로를 어른과 전문가로 대하라   155
경력과 나이가 대표성을 가지지 못하는 시대 156 | 리더 역할이 맞지 않는다면 과감히 내
려놓을 것 159

포스트 코로나, 기업이 원하는 인재의 조건   162
순응형 인재를 기르는 공채, 리셋하라 163 | 공채가 사라진 자리, 실무력만 살아남는다
165

시대가 요구하는 스펙은 학벌이 아니라 '배움'이다   168
미네르바 스쿨, 무크, 유튜브로 공부하는 세대 169 | 업스킬링과 리스킬링의 시대 171

4장 | '나'와 '나의 일'을 리드하는 커리어 생존 전략

언택트 언어 능력, 디지털 리터러시를 갖춰라   177
'21세기의 문해력'이란 무엇인가 178 | 비대면 업무 환경에서 어떻게 소통해야 하는가 179

공감력은 곧 지능이다   182
'나는 누구인가'에 대한 끝없는 탐구 183 | 감정과 맥락을 헤아리는 소통력 186 | 환경 문
제에 연대하여 새로운 기회를 발견하는 능력 189 | 공감력이 뛰어난 사람들의 비밀 190

익숙한 것을 연결해 새로운 것을 창조하라   192

미래형 인재는 혼자 일하지 않는다 193 | 협업으로 차별적 가치를 창출하라 195 | '편집의 리더십'이란 무엇인가 196 | 편집의 리더십을 키우는 사고와 태도 199

스토리텔링으로 설득하라   202

왜 스토리텔링이 중요한가 203 | 스티브 잡스, 버락 오바마의 스토리텔링 설득법 205 | 비유와 은유, 메타포를 활용하라 208

사람과 자본을 연결하고 확보하라   211

사람과 사람의 관계에서 기회를 발견하는 능력 212 | 모험 자본, 돈을 끌어오는 능력 215

새로운 것을 빠르게 학습하고 실천하라   218

'학습 민첩성'이란 무엇인가 219 | 학습 민첩성이 높은 사람은 어떻게 위기에 대응하는가 221

5장 | 내 안의 잠재력을 끌어올리는 마인드 리셋

나의 일터와 영역을 능동적으로 바꿔라   227

새로운 일의 방식으로 리셋하라 228 | 위기 속에서도 승승장구하는 기업과 개인의 비밀 230 | 성장과 기회의 확률이 높은 일터를 찾아라 233

미래 인재가 되려면 완벽주의부터 버려라   236

일단 실천하고 수정 방향을 찾아라 237 | 난 원래 똑똑했어 vs 난 더 성장할 수 있어 240 | 정답과 완벽만 추구하면 결국 망한다 244

회복 탄력성으로 위기의 시대를 돌파하라   247

뉴 노멀의 실패는 성장의 가능성이다 248 | 바닥을 치고 도약하는 뉴 프로페셔널의 능력 250 | 공존을 위해 연대할 때 회복 탄력성도 커진다 254

참고문헌   257

1장

관리와
통제의 시대는
완전히 끝났다

조직에 대한 충성이,
사람에 대한 통제가
반드시 필요할까?

언택트 근무 환경,
평생직장과 위계질서의 붕괴 등….
'팽창의 시대'를 지나
'축소의 시대'로 접어들면서
우리는 기성세대의 고정 관념이
생존과 본능 앞에서
모두 무너질 수 있음을 목격했다.

9 to 6 근무 시간을 지킬 필요도,
수직적인 의사 결정 구조를
따라야 할 필요도 없음을
발견하게 된 것이다.

이제 우리는
'새로운 르네상스'를 앞두고 있다.

개인의 시대,
우리는 자유롭게 일한다

>>

명문 대학을 나와 손꼽히는 대기업에 들어가는 것이 이상적인 커리어 패스인 것처럼 생각되던 시절이 있었다. 하지만 이제 과거의 이야기가 되어 버렸다. 최근에는 부모님이 자랑스러워하는 직장이라면 이미 시대에 뒤떨어졌을 가능성이 높으니 다시 한 번 생각해보라는 우스갯소리도 있다. 대학을 갓 졸업하거나 아예 대학에 다니지 않았어도 실리콘 밸리나 테헤란로에서 스타트업을 시작하고, 투자를 받고, 모험하는 삶을 선택하는 혁신가들이 늘어나고 있다. 그들의 성공 스토리가 속속 들려오면서 이런 삶에 대한 수용성도 훨씬 높아진 시대다. 자본에 대한 접근성이 용이해지고, 인터넷과 모바일의 발전으로 IT 플랫폼이 다방면으로 진화했기에 가능한 변화다. 디지털라이제이션 가속화, 긱 이코노미(Gig economy)의 강화, 모험 자본의 증대…. 이러한 변화들이 상호 시너지를 내면서 기존의 규칙, 일과 직업에 대한 고정 관념들을 하나하나 무너뜨리고 있다.

조직 생활에 얽매이지 않는
독립형 근로자들

개인화 현상이 서서히 움직임을 보이던 와중 예기치 못한 코로나19 팬데믹이 인류를 습격했고, 우리 삶과 일자리, 일하는 환경과 방식은 일대 혼란을 겪고 있다. 이런 혼란과 맞물려 재택근무가 상시화되고 회사가 아닌 다른 곳에서 일하는 리모트 워커(Remote worker)들이 급속히 늘어나기 시작했다. 직장의 경계가 무너지기 시작하면서 회사나 특정 조직에 소속되지 않은 채 일하는 독립형 근로자들 또한 늘어나는 추세다. 디지털 플랫폼은 이들에게 자유로운 계약이 가능하도록 중개해주었고, 이렇게 조직에 속하지 않은 채 자유롭게 일하는 노동자들을 '자발적 디지털 노마드' 또는 '긱 워커(Gig worker)'라고 부른다. 그리고 이들이 이룬 긱 이코노미 생태계가 폭발적으로 성장하고 있다.

'긱(Gig)'이란 재즈 공연에서 유래한 말로 '일시적인 일'을 뜻한다. 긱 이코노미는 시대 변화에 대응하기 위해 비정규 프리랜서 근로 형태가 확산되는 경제 현상을 의미하며, 긱 워커는 어딘가에 소속되지 않고 자신이 좋아하는 일을 하는 독립형 근로자를 일컫는다. 2015년 글로벌 컨설팅사 맥킨지앤드컴퍼니에서는 긱 워커의 의미를 '디지털 플랫폼에서 거래되는 기간제 근로'라고 정의하기도 했다. '플랫폼 노동자'라고도 불리는 긱 워커들은 재즈 밴드가 악보에 얽매이지 않고 유연하고 창의적으로 자유 변주를 하듯 필요와 요구에 따라 모였다 흩어지는 등 자유롭게 형태를 바꾸며 일한다.

맥킨지의 연구에 따르면 미국과 유럽의 경우 생산 연령 인구의 약 30%가 독립형 근로에 참여하고 있다고 한다. 또한 2025년에는, 긱 이코노미로 창출되는 부가 가치가 전 세계 GDP의 2%에 해당하는 2조 7,000억 달러까지 늘어날 것이라 전망했다. 실제로 한국에서도 크몽, 숨고와 같은 긱 이코노미 플랫폼이 매년 전년과 대비하여 두 배 이상 성장을 이루는 등 괄목할 만한 성장을 만들어가고 있는 중이다.

기업들이 프리랜서 노동력을 활용한 것은 꽤 되었으나, 앞서 말했듯 코로나19가 이 흐름을 한층 앞당긴 것만은 분명하다. 무엇보다 공간과 시간에 구애받지 않고 유연하게 일하는 재택근무가 확산되면서 그 효율성이 가시적으로 확인되기도 했다. 이는 회사나 조직 생활에 얽매이기 싫어하고, 자율적으로 일하고자 하는 밀레니얼 세대의 성향과도 맞아떨어진다. 기술과 온라인의 발전, 4차 산업 혁명의 가속화, 코로나19가 가져온 비대면 업무 환경으로 인해 독립형 근로자와 긱 이코노미는 점점 더 활성화될 것이 자명하다.

서로 다른 직업이 만나 새로운 일을 만든다

시간과 공간의 제약 없이 자유롭게 일하는 것 외에도 다양한 분야가 서로 콜라보하고 융합하는 일들이 활성화되고 있다. 이처럼 장르와 경계를 넘나들고 일하는 형태와 방식이 다변화된 지금, 우리는 더 많은 기회 앞에 서 있다.

　나는 컨설팅 회사를 경영하고 있지만, 컨설팅 프로젝트 업무만 하지는 않는다. 그간 쌓은 실전 경험과 노하우를 담아 콘텐츠를 만들기도 하고, 다른 분야 전문가들과 흥미로운 리서치나 실험을 함께 하기도 한다. 애자일 코치들과 협업을 하기도 하고, 뛰어난 정신건강의학과 전문의들과 리더십 진단 및 코칭 프로그램을 함께 만들고 기업 대상 리더십 코칭 프로그램을 수행하기도 한다. 전혀 다른 분야의 사람들이 만나 낯선 세계를 경험하면 공고해져 있던 좁은 세계가 깨지는 경험을 하게 된다. 시야가 넓어지고, 다양성을 품게 되며, 창의성이 한층 고양된다.

예를 들어 과거에는 의사들이 의료 외 활동을 하는 것에 대해 거부감이 있었을지도 모른다. 하지만 지금은 다르다. 의사가 유튜브를 통해 매우 뛰어난 개인 콘텐츠를 만들어내기도 하고, 스타트업 생태계에 뛰어들어 다른 전문가들과 손을 잡고 혁신적인 의료 서비스를 만들어내는 CEO가 되기도 한다. 또 헬스케어 회사에 투자하는 투자가로 활동하는 의사들도 있다. 그 외에도 요즘 기업 경영 컨설팅 분야에서는 빅 데이터 분석가, 상담 전문가, 예술가, 스포츠 코치, PD 등 다양한 분야의 전문가들이 진출하여 새로운 시도를 하는 모습들을 심심찮게 발견할 수 있다.

비단 사람 간의 콜라보뿐일까. 폭발적으로 성장한 디지털 분야와 금융, 부동산, 여행, 유통 간의 융합도 끊임없이 이루어지며 이제는 자가 생성 및 진화하는 모습을 보이고 있다. 예를 들어 요즘 논란이 가열되고 있는 블록체인(Blockchain)에 더하여, 최근에는 이 두 가지 개념을 활용한 예술 작품(NTF, Non-Fungible Token의 약자. 희소성을 갖는 디지털 자산을 대표하는 토큰)이나 가상 세계의 부동산 상품도 등장했다. 이처럼 서로 다른 사람들, 또는 다른 영역이 만나 세상에 없는 새로운 가치나 감각을 만들어내는 일들이 생겨나고 환영받는 시대가 도래한 것이다.

창의적 아이디어, 콘텐츠만으로도 도전할 수 있다

비즈니스가 확장될 때 가장 필요한 것 중 하나가 돈인데, 이렇게 서로 다른 분야가 만나 만들어내는 새로운 시도에는 이를 가능하게 할 자본의 뒷받침이 필요하다. 이전 산업화 시대에는 경영 활동의 주체가 기업에 집중되어 있었고 형성된 자본은 규모의 경제를 창출하는 데 재투자되었다. 그렇기 때문에 기업 바깥의 개인들이 비즈니스 기회가 있다 하더라도 필요한 자본에 접근하는 것이 쉽지 않았다. 오히려 빠르게 성장하는 조직에 들어가서 일하는 것이 안전하고도 성공적이라고 생각했고, 망하지 않을 대기업에 들어가는 것이 개인의 커리어에 있어서 중요한 목표였다.

그러나 실리콘 밸리형 혁신가 모델의 성공은 모험 자본 시장을 급속도로 확대시켰고 각국 정부도 적극적으로 국가 재정을 지원하게 되었다. 이에 더하여 디지털라이제이션은 고정 자산 없이도 새로운 시도를 가능하게 함으로써 실패에 대한 비용도 대폭 줄여나갈 수 있는 효과를 가져왔다. 멋진 아이디어와 콘텐츠, 도전할 용기만 있다면 이를 가능하게 하는 자본과 시스템에 접근하는 것이 매우 용이한 환경이 만들어진 것이다.

통제로부터 벗어나 인간의 본질적 욕구와 조화를 모색해라

산업화 이후 20세기는 대량화와 표준화의 시대였다. 이는 조직 내부로도 이어져 기업은 지속적인 고용의 대가로 조직에 대한 충성을 요구하고, 사람들을 통제하며, 비슷비슷한 역량을 갖춘 표준의 구성원들을 길러 내는 것에 집중해왔다. 지속적인 경제 성장이 있었기에 가능했던 일이다. 그러나 '팽창의 시대'를 지나 '축소의 시대'로 접어들면서, 사람들은 통제된 삶에 대해 의문을 가지기 시작했다. 조직에 대한 충성이, 사람에 대한 통제가 반드시 필요할까?

이 와중에 코로나 팬데믹으로 위기를 겪으며, 우리는 그동안 억압해왔던 고정 관념이 생존과 본능 앞에서 무너질 수 있음을 목격했다. 시간에 맞추어 출퇴근 버스를 타는 것도, 모두가 똑같은 시간에 점심을 먹는 것도, 심지어 매일매일 학교에 가는 것조차 반드시 지켜야 할 이유는 없음을 발견하게 된 것이다.

이렇게 고정 관념과 기존 생활 패턴이 무너진 자리에는 새로운 시도와 도전이 생겨나고 있고, 다시 새로운 기준이 만들어질 것이다. 이는 인간 본원의 욕구, 창의와 자유를 찾고자 하는 움직임과 연관된다. 이러한 각성은 곧 새로운 르네상스 시대를 예고한다. 실제 르네상스도 14세기 유럽을 휩쓴 흑사병 팬데믹 다음에 찾아오지 않았는가.

과거 세대는 회사 밖에 지옥이 있다며 조직의 안락함을 강조했지만, 포스트 코로나 시대의 신인류에게 조직 안의 틀과 명령은 불합리함을 넘어선 부조리함에 가깝다. 자유를 갈망하고, 다양성을 품고, 창의성을 드러내고자 하는 인간의 본성에 위배되기 때문이다.

그렇다면 앞으로 조직과 개인은 각각 어떠한 역할을 해야 할까? 개인은 기계가 해내지 못하는 '연결의 역할'을 해내야 한다. 인간의 창의성은 다양성이 만나 충돌하고, 화합하는 과정을 통해서만이 더욱 확장되고 강력해질 수 있다. '한 우물만 파라'는 말은 이미 옛말이 되었다. 이 시대에는 적어도 두세 개 정도의 우물을 파서 그 우물들을 연결하고, 물길을 내어 저수지를 만들어야 한다. 우물 하나가 막히면 다른 것을 쓰고, 다른 이들의 우물과도 길을 터서 물길을 넓히는 작업이 필요하다. 이에 더하여, 조직은 최대한 조직 내 구성원들이 연결의 역할을 잘 해낼 수 있도록 장을 마련해주어야 한다. 최근 삼성전자를 비롯한 글로벌 선도 기업들이 그 어느 때보다도 다양성과 포용(Diversity and inclusion)을 강조하는 것은, 과거 산업화 시대의 유물과 고정 관념, 갈등에 갇히면 연결을 통한 조직의 미래를 확보할 수 없다는 절박함 때문이다.

조직보다는
개인의 가치에 집중하라

>>

최근 꼰대와 밀레니얼, Z세대 등에 대한 담론들이 사회적으로 굉장히 활발해지면서 세대론에 대한 이야기가 넘쳐나고 있다. 이는 단순히 세대 차이에 대한 흥미성 이야기로 치부할 것이 아니다. 실제로 기업에서도 이러한 세대 갈등의 문제가 심각하다. 압축 고도 성장을 해온 한국 사회의 조직 내에서는 베이비 부머 세대부터 Z세대까지, 완전히 다른 환경에서 다른 가치관을 가지고 자라난 다양한 세대가 한 조직 안에 섞여 함께 일하고 있다. 마치 전후(戰後) 1930년대 독일 사회를 두고 철학자 에른스트 블로흐가 '비동시성의 동시성

(Contemporaneity of the uncontemporary)'이라고 표현했던 것처럼, 오늘날 한국의 조직 내에는 근대, 현대, 미래의 시계가 함께 돌아가고 있다.

조직 생활의 전제가
무너진다

세대 간 갈등은 이전에도 있었으나 요즘 들어서 더 크게 느껴지는 것은 무슨 이유 때문일까? 경영 환경에서 요구받는 리더십, 조직 운영의 패러다임 변화, 세대 갈등이 묘하게 맞물려 있기 때문이다. 더 궁극적으로는 고령화, 노동 인구 구조의 변화, 디지털라이제이션 등이 이러한 패러다임 변화와 연계되어 있는 탓이다.

한국은 지구상에서 가장 빠른 속도로 늙고 있는 국가 중 하나다. 65세 이상 인구가 차지하는 비중이 14%로 2017년 이미 고령화 사회에 진입했고, 2025년에는 초고령 사회에 진입하게 된다. 반면 출산율은 지속적으로 하락해 2037년까지 생산 가능 인구는 20% 가까이 줄어들 것으로 예상된다.

이미 국내 기업의 근로자 평균 연령은 44세를 넘어섰다. 이런 상황에서는 고비용 저생산 인력이 되어버린 고연령 관리자 위주의 조직 구조를 해결하는 것이 큰 과제다. 더욱이 VUCA(변동적이며 복잡하며 불확실하고 모호한 사회 환경) 경영 환경과 디지털라이제이션 변화의 파고 속에서 고객과 시장에 민첩하게 대응하기 위해서는 혁신적 변화가 요구된다. 조직의 계층을 단순화하고 소통과 의사 결정의 속도를 높여 수평적인 조직 문화로 이행해야만 한다.

그러나 기성세대 입장에서 이러한 변화를 쉽게 받아들이기는 쉽지 않다. 무엇보다 '지금까지 잘해왔다'는 성공 방정식이 변화의 발목을 잡고 있기 때문이다. 기성세대들은 자신이 일해온 관점으로 밀레니얼 세대나 Z세대들에게 조직 생활은 그렇게 하는 게 아니라고 충고한다. 이 '조직 생활'이라는 네 글자에는 "지금 조금 희생하고 버티면 조직이 언젠가 너의 희생과 협조를 보상해줄 거야"라는 함의가 들어 있다. 물론 여기에는 '평생직장'에 대한 가정도 포함된다.

꿀 빠는 조직에서 탈출하라

그러나 밀레니얼, Z세대들에게 조직을 위한 희생이나 평생직장의 개념은 통하지 않는다. 평생직장 이야기를 늘어놓으면 시니컬한 얼굴로 "저 내년에 퇴사해서 다른 데 갈 건데요"라는 답변이 돌아온다. MZ세대들은 평생직장을 꿈꾼다거나 조직을 위해 희생한다는 개념으로 일에 접근하지 않는다. 회사가 원하는 능력을 제공하고, 자신은 그에 따른 보상을 원한다. 그리고 더 이상 성장의 기회가 보이지 않거나, 피드백과 보상이 적합하지 않으면 미련 없이 다른 곳을 찾아 떠날 수 있다고 생각한다.

그뿐 아니다. 개인과 기업 간의 계약 관계나 서로를 대하는 가치관도 달라지는 추세다. 한 조사에 따르면, 입사 2년 내 신입 사원이 퇴사하는 비중이 이미 50%를 넘어섰다고 한다. MZ세대들은 평생 고용을 약속해 달라고 요구하지 않는 대신 개인의 성장에 대해서 빠르고 정확한 피드백을 해주기를 요구한다. 물론 거기에 대한 합당한 보상은 필수다. 기존의 불투명한 평가와 불공정한 성과 보상 제도에 대한 반감이 그 어느 때보다 높다.

여기서 문제는, 경영 환경과 일하는 방식은 이미 변화를 맞이하고 있는데 기업의 시스템과 문화는 아직도 그것을 따라가지 못하고 있다는 점이다. 물론 혁신을 거듭해나가는 기업들도 있지만, 여전히 꿈쩍도 안 하고 변화를 외면하는 조직들도 많다. 특히 '숨어 있는 신의 직장'이라고 불리는 곳일수록 닥쳐오는 미래의 파고를 예상하지 못한 채 과거에 안주하는 경향이 있다. 얼마 전에도 몇몇 공기업들이 직원들의 부동산 투기, CEO 갑질 및 직원 채용 비리 등으로 논란의 중심이 된 적이 있다. 특히 한 직원이 블라인드에 부동산 차명 투기를 '우리 회사만의 혜택이자 복지'라는 글을 올려 사회적 공분을 샀다. 이는 어떻게 보면 '개인의 일탈 행동' 정도로 간주할 수도 있겠지만, 조직 내에서 공정한 평가와 성장, 보상의 경험을 갖지 못한 구성원들이 결국 비윤리적인 방식으로 보상을 추구하게 되는 문제로 바라볼 수도 있다.

아마도 다른 관점을 들어 반대하는 의견도 있을 것이다. 공무원 시험에 몰두하면서 '꿀 빠는 직장'을 찾아다니는 MZ세대도 너무나 많지 않은가. 실제로도 얼마 전 한 구직 사이트의 조사 결과, 입사하고 싶은 회사 톱10에 공공 기관이 다섯 개나 포함되어 있었다. 적자 공기업이나 세금으로 운영되는 공단이 글로벌 대기업보다 더 인기를 얻고 있다는 뜻이다.

그러나 이들 기업들의 조직 문화 진단 결과를 들여다보면 이야기는 달라진다. 어려운 시험을 뚫고 들어와 입사 후 채 1년이 지나지 않아 회사와 일에 대한 만족도는 급감한다. '대충 욕먹지 않을 정도로만 일해도 된다'는 문항에 과반수가 넘는 직원들이 '그렇다'고 답한다.

이처럼 성장 드라이브가 없는 조직은 기존 방식에 매달려 현상 유지를 하려 하거나, 결국 모두가 열심히 일할 필요가 없는 하향 평준화 조직이 되어버린다. 그런 조직에서 MZ세대들은 본질적인 일을 통한 성장을 경험하기 어렵다. 마땅한 피드백을 해주는 상사를 만날 수도, 성장의 기회를 보장받을 수도 없기 때문이다. 공기업 신입 직원들이 높은 경쟁률을 뚫고 어렵게 입사해서, 매년 20% 넘게 조직을 탈출하는 이유이기도 하다.

조직보다는 '일의 의미'를 밀어라

X세대 남편이 운전하고 Y세대 아내가 옆에 앉고 Z세대 자녀가 뒤에 앉아 있는 자동차 광고가 화제를 모은 적이 있다. 사실, 요즘 기업 조직 내에서는 이것보다 훨씬 더 넓은 스펙트럼의 세대 구성원들이 한 공간에서 일하고 있다. 업이나 일을 대하는 태도와 관점이 너무도 다른 사람들이 한 조직에 공존하는 셈이다. 그러나 현장에서 보기에는 오히려 세대 간의 격차 그 자체보다, 각 세대가 다른 세대에 가지는 선입견이 더 큰 문제인 듯하다. 보통 기성세대는 '요즘 것'들, 즉 MZ세대는 '알아서 일하기 싫어하며, 워라밸을 가장 중요하게 생각한다'는 평가를 내린다.

이러한 시각 차를 잘 드러낸 연구도 있다. 미국의 트렌드 분석가인 매리 미커는 기성세대들에게 "MZ세대가 일에 있어서 무엇을 가장 중요하게 여길 것 같은가?"라는 질문을 던졌다. 그러자 가장 많이 나온 답변은 '워라밸' '금전적 보상'이었다. 그러나 MZ세대의 답변은 달랐다. 그들에게 가장 중요한 것은 금전적 보상이 아니라 '일의 의미'였다. 금전적 보상이 중요하다고 응답한 이들의 비중도 20%를 차지했지만, 그보다는 '일의 의미'를 훨씬 더 중요하게 여기고 있었다. MZ세대가 소중하게 생각한다는 '일의 의미'란 도대체 무엇을 말하는 것일까?

『오리지널스』와 『기브 앤 테이크』 등의 베스트셀러 저자이자 와튼 스쿨 교수인 애덤 그랜트가 흥미로운 실험을 한 적이 있다. 미국에서는 대학이나 대학원 동문들을 대상으로 장학금이나 학교 발전 기금을 모집하는 활동이 매우 활발하다. 이 실험에서 애덤 그랜트 교수는 대학 동문들에게 장학금 모금 전화를 하는 안내원들을 반으로 나누었다. 그리고 절반의 전화 안내원들을 대상으로 실제 장학금을 받은 학생을 만나게 했다. 그 학생들이 장학금 덕분에 얼마나 도움을 받았는지 직접 얘기를 듣게 한 것이다. 그랬더니 학생들을 만난 안내원들의 장학금 모금 액수가 그렇지 않은 안내원에 비해 무려 3배에 달했다.

전화 안내원들은 그전까지만 해도 자신의 일을 하찮은 것으로 여겼다. 하지만 실제로 장학금 수혜자를 만나서 대화를 나누며 생각이 달라진 것이다. 자신의 일이 누구를 돕고 있는지, 어떠한 기여를 하고 있는지를 목격하고 깨달음으로써 동기 부여가 된 셈이다. 다시 말해서 자신의 일의 의미를 깨달은 전화 안내원들이 훨씬 더 진정성을 갖고 업무에 몰입했고, 이는 완전히 차별화된 성과로 이어졌다는 뜻이다.

그렇다면 MZ세대는 왜 일의 의미를 중요하게 생각하는 것일까? 기성세대와 태생부터 다른 욕구와 가치관을 가지고 태어나 일의 의미를 중요시하는 것일까? 아마도 그렇지 않을 것이다. 사람들은 모두 본디 인간으로서의 인정 욕구와 성장 욕구를 가지고 태어난다. 회사에서도 내 목소리가 좀 더 경영과 의사 결정에 반영되기를 바란다. 금전적 보상을 넘어 회사로부터 지지와 인정을 받기를 원한다. 이러한 욕구가 매몰되어 온 것은 산업화 과정에서 다양성보다는 균일성이 더욱 선호되었고, 스스로를 조직의 요구에 맞추어 왔기 때문이다. 위계가 존재하는 조직에서 그러한 요구가 위로부터 아래로 전달되며 '균일하지 않은 구성원'을 무의식적으로 '충성스럽지 않은 직원'으로 인식해온 환경 때문이었을 것이다.

그러나 이제 상황이 변했다. 기업은 평생직장을 약속할 수 없게 되었고, MZ세대들은 조직의 불합리한 요구에 맞추려 하지 않으며 더이상 맞출 필요가 없다는 것도 알고 있다. 대신 그들은 일의 의미를 확인하며 일하고, 그 일에 대해 즉각적인 피드백을 요청하고, 그러한 피드백을 통해 자신의 성장을 끊임없이 확인하려 한다. 넷플릭스를 비롯, 국내외 급격히 성장하는 혁신 조직에서 예외 없이 '극도로 솔직한 피드백'을 조직 문화의 원칙으로 내세우는 이유다.

평생직장이 아닌
'평생 하고 싶은 일'에 집중하라

지난 한 해 코로나19는 우리의 일상을 뒤흔들었고, 미래에 대한 설계를 완전히 새롭게 하도록 만들었다. 자본주의의 미래를 고민하며 새로운 돌파구를 모색하던 와중에 팬데믹 위기가 덮치자, 2020년 초 세계 경제 포럼 WEF는 함께 연구할 주제로 '위대한 리셋(Great reset)'을 제시했다.[6] 그리고 세계 경제 포럼 회장 클라우스 슈밥은 "우리가 힘을 합쳐 신속하게 행동한다면 이 위기를 극복하고 더 나은 세상으로 나아갈 수 있다"고 전했다.

출퇴근, 사무실, 관리자가 필요 없는 시대

우리는 모두 위대한 리셋을 준비해야 할 시점에 놓여 있다. 변화의 방향과 속도를 얼마나 제대로 마주하고 감지할 수 있는 준비가 되어 있느냐에 따라 그 결과는 사뭇 달라질 것이다. 지금 우리가 겪고 있는 변화들은 당연히 일어날 것으로 예견되었던 변화다. 다만, 코로나19로 인해 시기가 당겨진 것뿐이다. 마이크로소프트 CEO 사티아 나델라는 "지난 5월, 코로나19 덕분에 2년치에 해당하는 디지털 전환이 2달 만에 일어났다"고 언급한 바 있다. 어느 날 불시에 일어난 변화가 아니다. 이미 진행되고 있었고, 앞으로 올 미래였으나 그 시기가 당겨졌고, 압축돼 실행됐을 뿐이다.

코로나19로 인해 전 세계 수백만 명이 재택근무를 하기 시작했고, 이제 그들은 사무실로 돌아가려 하지 않는다. 상당수 글로벌 기업들이 사무 공간이나 건물들을 축소하고 있으며, 출퇴근이 필요 없어지자 도심을 벗어나 교외로 주거지를 옮기는 이들도 늘어나는 추세다. 스마트 워크를 지원하는 협업 툴의 빠른 개발과 확산 또한 직원들이 동시에 같은 장소에서 함께 일해야만 할 필요성을 완화시켰다.

물론 코로나19 이전에도 재택근무는 있었다. 그러나 재택근무가 비효율적이라는 편견, 재택근무자들이 온전히 일에 집중하지 않을 것이라는 불신, 불편한 소통 등 여러 가지 이유 때문에 활성화되지는 못했다. 놀랍게도 이러한 관습과 편견은 팬데믹 상황에 이르자 생존과 안전 앞에서 빠르게 무너졌다. 기업들은 하나둘 만성적인 업무 관행에서 탈피하기 시작했고 이는 불과 몇 개월 사이에 2년치, 아니 체감 상으로는 거의 10년치의 조직 변화를 가져 왔다.

하나의 직업은 옛말, 멀티플 잡의 보편화

가깝게 지내는 대기업 CIO가 한 번은 자조 섞인 어조로 이런 이야기를 했다.

"코로나19가 나보다 훨씬 더 훌륭한 CIO야."

왜일까? 대부분의 CIO들이 지난 몇 년 동안 끊임없이 노력했으나 진척이 쉽지 않았던 디지털라이제이션이 팬데믹과 함께 거의 자동적으로, 급속하게, 모든 기업들에서 실행되었기 때문이다. 4~5년 전부터 국내에서도 리모트 워크나 디지털라이제이션에 대한 논의가 본격적으로 진행되어왔지만 코로나 전까지는 솔직히 실행력에 있어 지지부진했던 것이 사실이다. 그런데 코로나 덕분에 가속도가 붙어 불과 1년 사이 놀라운 변화들이 자리를 잡았다.

그렇다면 코로나19가 사라진 후에는 다시 이전 상태로 돌아갈까? 많은 전문가들이 그렇지 않을 것이라고 예견하고 있다. 디지털라이제이션에 기반한 변화, 재택근무나 리모트 워킹을 해보니 생각보다 긍정적인 측면이 많다는 것을 우리는 이미 발견하고 깨달았다. 지난해에는 포춘 100대 기업 대부분이 재택근무를 채택했는데, 이후 트위터는 집에서 일하는 재택근무 방식을 영구 시행하기로 결정했고, 메타(페이스북) CEO 마크 저커버그도 "10년 안에 전 직원의 절반이 원격 재택근무를 하게 될 것이다"라고 선언했다(물론 업의 특성상 코로나만 끝나면 재택근무 후 다시 오피스 출근으로 돌아가겠다고 선언한 경영자들도 없지는 않다).[7]

최근에 〈하버드 비지니스 리뷰〉에는 하버드 MBA 조직행동 교수인 이선 번스타인 등이 쓴 '재택근무라는 새로운 현실'이라는 제목의 글이 실렸다.[8] 기업들을 대상으로 한 조사 결과를 바탕으로 쓰여진 글인데, 많은 기업들이 이제 오피스를 기본적인 업무 공간이 아닌 원격 근무를 보조하는 공간으로 개념화하는 변화를 보이고 있다고 한다. 이러한 변화는 회사가 필요로 하는 부동산과 이와 관련한 비용을 대폭 줄일 수 있을 뿐만 아니라, 느슨한 연대와 우연한 소통이라는 물리적 공간만의 독특한 역할에 초점을 맞출 수 있게 된다는 강점도 지닌다.

국내에서도 이러한 변화에 적극적인 기업들을 쉽게 찾아볼 수 있는데, SK텔레콤이 대표적이다. SK텔레콤은 이미 서울과 경기 지역에 거점 오피스 네 곳을 운영하고 있으며, 직원들의 거주지로부터의 동선을 고려해 거점 오피스를 총 10여 곳까지 확대 운영할 계획이다.

또한 SK텔레콤은 궁극적으로는 모든 임직원들이 원한다면 20분 이내에 오피스에 도착할 수 있도록 네트워크를 구성하는 것을 목표로 한다고 밝힌 바 있다.

이렇게 물리적인 일터의 변화는 일과 계약의 형태에 있어서의 변화도 자연스럽게 불러일으킬 가능성이 높다. 과거에는 사람이 조직에 속해 있고, 그 조직이 평생직장이 된다는 전제가 있었다. 따라서 업무뿐만 아니라 그 사람의 성장과 가족의 안위까지 책임져야 하는 상황이 조직과 개인의 계약에 포함되어 있었다. 하지만 이제 기업은 나와 나의 가족의 미래를 약속할 수 없다. 기업의 흥망성쇠의 속도는 점점 빨라져, 최근 10년만 해도 S&P500 지수(다우 지수와 함께 미국의 대표적인 주가 지수)의 기업들 중 40%가 교체되었다. 조직도 개인을 평생 고용할 수 없고, 개인도 그걸 기대하지 않는 시대가 온 것이다.

따라서 앞으로 개인과 조직 간 계약은 근로 시간이나 물리적인 출근 여부에 매이지 않고, 온전히 일의 결과나 성과에 기반해 이루어지게 될 것이다. 그렇게 되면 개인은 자신의 시간을 활용하여 경제적 이익을 극대화하려 할 것이고, 이에 따라 개인과 조직 간의 배타적 계약은 점점 줄어들면서 개인이 멀티플 잡(Multiple job), 즉 여러 개의 직업을 갖는 것이 훨씬 보편화될 것이다. 이로 인해 여러 가지 직업이나 다양한 관심사를 통해 재화를 만들어내는 것이 자유로워질 것이다.

이미 하나의 직업만 갖는 세상은 저물고 있다. 최근의 '부캐' '멀티 페르소나' 'N잡러' 붐은 이미 그러한 변화를 반영한다. 메인 잡이 있지만 유튜버 활동을 할 수도 있고, 책을 써서 작가가 될 수도 있다. 혹은 주말이나 비는 시간을 활용해 일하는 사이드 잡을 가지는 것은 이미 매우 흔한 일이 되었다. 최근에는 회사에서 근무하는 개발자들의 여유 시간이나 근무 외 시간을 모아 개인적 프로젝트 수주를 하는 프로젝트 관리 플랫폼 회사들도 생겨나고 있다.

이를 좀 더 직관적으로 표현하자면, 지금까지는 조직과 개인이 '결혼' 같은 관계였다면 앞으로는 '자유 연애'와 같은 개념으로 변할 것이라는 의미다. 자유 연애의 시대가 됐는데 여전히 조직에 목을 매고 일편단심을 외친다면, 혹은 조직이 나를 위해 무언가 해주기를 바란다면 불행을 피하기 어려울 것이다. 이제 자유 연애의 시대를 받아들이고 스스로 탐색과 시도를 해야 한다. 개인과 조직의 계약 관계가 리셋되고 있는 징후들은 이미 여기저기에서 나타나고 있는 중이다.

언택트 시대가 가져온
일터의 변화들

>>

아마존, 구글, 넷플릭스, 메타(페이스북)…. 이 네 기업의 공통점은 무엇일까? 미국 기업이며, 혁신의 아이콘이고, 글로벌 세상을 움직이는 대표적 플랫폼 기업들이다. 또 다른 공통점은 이들 기업 중 상당수가 태어난 지 만 20년이 채 되지 않았거나, 갓 20년을 넘긴 젊은 기업들이라는 점이다.

이 기업들의 시가 총액을 합치면 얼마나 될까? 미국 기준으로 3조 5,000억 달러가 넘으며, 한화로 4,000조 원에 달한다. 이 액수는 한국의 국가 연간 예산의 7~8배에 해당하고, 미국 경제 규모(GDP 기준)

로 보면 전체의 약 15%에 해당할 만큼 어마어마한 비중을 차지한다. 여기에 애플을 더하면 20%를 훌쩍 넘어선다. 지난 20년 동안 우리가 살고 있는 세계에는 대체 어떤 변화가 일어난 것일까?

현금 부자인 석유 회사, 왜 계속 돈이 필요할까

세상이 어떻게 변화했는지 그 흐름을 살펴보기 위해 먼저 2007년도부터 글로벌 시가 총액 상위 기업의 순위를 살펴보자. 2007년도에는 페트로차이나, 가즈프롬, 로열 더치 셸, 시노펙, 엑손 모빌 등이 상위권을 차지하고 있다. 10위 안에 이름을 올린 기업의 절반 이상이 정유·석유화학 기업이다. 당시만 해도 마이크로소프트가 글로벌 시가 총액 톱10에 올라 있는 유일한 IT 테크 기업이었다.

그런데 2010년 애플이 급부상하고, 2015년 아이폰이 등장하면서 시장은 급속한 변화의 물결을 맞는다. 2014년이 되면 엑손 모빌이나 페트로차이나 같은 정유 회사들의 순위가 아래로 내려가고 애플, 마이크로소프트, 구글이 상승세를 타기 시작한다. 2017년 3월 기점의 순위를 보면 놀라운 시대의 변화를 한눈에 체감할 수 있다. 애플, 알파벳(구글), 마이크로소프트, 아마존 같은 테크 기업들이 이미 상위권에 포진해 있다.

순위	2007년	2010년	2014년	2017년 3월 말	2019년 8월 말	2020년 초
1	페트로차이나 (중국)	엑슨모빌	애플	애플	마이크로 소프트	아람코 (사우디)
2	엑슨모빌	페트로차이나 (중국)	엑슨모빌	알파벳	애플	애플
3	GE	애플	마이크로 소프트	마이크로 소프트	아마존	마이크로 소프트
4	차이나모바일 (홍콩)	BHP빌리턴 (호주, 영국)	버크셔 해서웨이	아마존	알파벳	알파벳
5	공상은행 (중국)	마이크로 소프트	구글	버크셔 해서웨이	버크셔 해서웨이	아마존
6	가즈프롬 (러시아)	공상은행 (중국)	페트로차이나 (중국)	엑슨모빌	메타 (페이스북)	메타 (페이스북)
7	마이크로 소프트	페트로브리스 (브라질)	존슨앤드 존슨	존슨앤드 존슨	텐센트 (중국)	알리바바 (중국)
8	로열더치셸 (네덜란드,영국)	건설은행 (중국)	웰스파고	메타 (페이스북)	JP모건 체이스	버크셔 해서웨이
9	AT&T	로열더치셸 (네덜란드,영국)	월마트	JP모건 체이스	존슨앤드 존슨	텐센트 (중국)
10	시노펙 (중국)	네슬레 (스위스)	공상은행 (중국)	웰스파고	네슬레 (스위스)	JP모건 체이스

– 괄호 안은 국적 / 국적 표시 없는 기업은 모두 미국
– 출처 : 영국. 파이낸셜타임스, 위키피디어(영문)

2019년 기점으로는 중국의 테크 혁신 기업까지 더해지면서 이러한 추세는 거스를 수 없는 흐름이 되었다. 2019년 기준 시가 총액 상위 기업 10개 중에서는 버크셔해서웨이와 존슨앤드존슨, JP모건체이스, 네슬레 외 과반수 이상의 기업이 테크 기업으로, 정유·석유화학 기업은 하나도 남아 있지 않게 되었다.

그러다 2020년 초, 의미 있는 사건이 발생한다. 사우디아라비아의 국영 석유 회사인 아람코가 상장하며 한때 1위로 급부상한 것이다. 지금은 애플에게 다시 시가 총액 1위 자리를 내주긴 했으나 아람코의 상장은 큰 의미를 지닌다. 아람코는 사우디아라비아의 석유를 팔아서 국부를 책임지는 현금력이 탄탄한 회사인데, 굳이 아람코를 상장한 이유가 무엇이었을까?

사우디 정부는 이미 명백하게 아람코 상장의 이유를 밝힌 바 있다. 석유의 시대가 저물고 있기에 더 이상 석유를 팔아서는 사우디아라비아의 지속적인 국부를 유지하기가 어려울 것으로 예상되므로, '석유에 의존하지 않는 나라'를 만들기 위해서는 상장을 통해 자금을 마련하여 비석유 사업에 투자하기 위해서라는 것이다.

글로벌 시가 총액 기업들의 순위 변화가 의미하는 것

글로벌 기업들의 시가 총액 순위가 자리를 뒤바꾸는 변화는 단순히 개별 기업들의 흥망성쇠로만 바라볼 일이 아니다. 이는 산업계 전반은 불어닥친 혁신의 기류가 어디로 향하는지를 보여주는 가장 상징적인 지표 중 하나다. 그렇다면 글로벌 시가 총액 기업 리스트의 변화는 어떤 의미를 내포하고 있을까?

기업	국가	시가 총액(USD)	시가 총액(KRW)
애플	미국	20,764억 달러	2,252조 원
아람코	사우디아라비아	19,086억 달러	2,086조 원
마이크로소프트	미국	16,206억 달러	1,756조 원
아마존	미국	15,868억 달러	1,719조 원
구글	미국	12,352억 달러	1,338조 원
메타 (페이스북)	미국	7,966억 달러	863조 원
텐센트	중국	7,279억 달러	789조 원
알리바바	중국	7,230억 달러	783조 원
테슬라	미국	5,678억 달러	615조 원
버크셔해서웨이	미국	5,422억 달러	587조 원

－기준 : 2020년 12월 6일

미래의 유전은 플랫폼, 미래의 석유는 데이터다

2007년을 기점으로 과거에는 세계 경제가 오일과 중국이라는 키워드에 기대고 있었다. 하지만 이제 인류의 미래는 '데이터'와 '혁신 기술'에 있다. 전 세계 기업들의 발빠른 움직임이 그러한 사실을 여실히 보여준다. 1800년대 말부터 시작된 산업화가 2000년대로 넘어오며 110년을 지속하다가 이제 경계의 끝을 넘었고, 새로운 경계가 시작되는 패러다임 시프트 시대를 맞았다.

경제는 이전 100여 년의 변화와는 완전히 다른 국면으로 접어들었다. 단순히 어떤 비즈니스가 각광받을 것인가에 국한되지 않는다. 비

즈니스에 연결된 조직 운영의 속성, 조직이 일하는 방식, 인재에 대한
접근 태도, 사람이 어떻게 돈을 벌고 트레이닝되는가 등에 대해서도
완전히 다른 국면을 맞았다는 의미다. 특히 디지털 기술의 발전을 넘
어 AI나 로보틱스, 4차 산업의 핵심 기술들이 기존의 노동력에 대한
관점을 완전히 뒤바꾸고 있다.

과거의 성공법을 리셋하는 시대가 오다

전통 기업에서 혁신 기업으로, 시장의 주도권이 넘어가면서 놀라운
속도로 세대 교체가 이루어지고 있다. 100년이 훨씬 넘는 역사를 가
진 미국 전통 기업의 상징 GE가 대표적인 예다. 앞선 도표에서도 볼
수 있듯이 GE는 설립한 지 만 115년이 되던 2007년만 해도 글로벌
시가 총액 3위에 올라 건재함을 보여줬다. 하지만 미국 혁신 기업들
이 급부상하는 2007년 이후부터 점점 쇠락하기 시작해 2018년에는
결국 다우 지수(미국을 대표하는 30개 기업으로 구성된 대표적 주가 지수)에
서도 퇴출당한다.

　여기서 주목할 것은 최초로 다우 지수를 구성했던 30개의 기업들
이 113년 동안 서서히 하나씩 교체되었고, 2018년 가장 마지막으로
GE가 빠짐으로써 최초 집단을 구성했던 기업 모두가 교체되었다는
점이다. 실로 한 시대가 바뀌게 되었음을 보여준 상징적 사건이라 할
만하다.

　기술의 발전은 경제를 성장시키는 반면 산업 구조와 미래 일자리

를 상당 부분 변화시킬 것이다. 제롬 글렌과 박영숙이 공저한 『일자리 혁명 2030』에서는 2030년이 되면 현존하는 일자리 중 거의 절반 가까이 사라질 것이라 전망하기도 했다. 이처럼 파괴적 혁신은 우리가 미처 깨닫지 못한 사이에 시장의 판도를 삽시간에 바꾸어놓고, 쇠퇴한 기업을 역사의 뒤안길로 사라지게 한다. 그리고 이 변화는 우리에게 무거운 시사점을 던져준다. 바로, 새로운 시대에 살아남기 위해서는 '과거 100년을 이어온 현대 기업 경영의 관리 체계를 송두리째 바꾸지 않으면 안 된다'는 위기 의식이다.

과거의 성공 법칙은
더 이상 통하지 않는다

앞 장에서 이야기한 것처럼 최근 20년 동안 우리는 디지털의 발전으로 급격한 변화를 맞고 있다. 그런데 잠시, 시간을 거슬러 지금과는 사뭇 다른 시대로 가보자. 1908년, 포드자동차는 모델 T를 출시하고 자동차 시장에 진입한다. '미국의 자동차 시대를 가져온 차'라는 평을 들을 만큼 모델 T는 전 세계에서 두 번째로 많이 양산된 차이기도 하다. 모델 T는 출시된 지 10년 만에 글로벌 시장 60% 이상을 석권할 수 있었다. 이러한 대량 생산이 가능했던 비결은 무엇이었을까?

모두 잘 알고 있다시피, 바로 컨베이어 벨트 자동화 덕분이었다. 자동화는 대량 생산을 가능케 하고, 대량 생산은 규모의 경제를 통해 단가를 낮춘다. 단가가 낮아지면 이윤이 올라가고, 이윤이 극대화되면 기업에게는 자본이 생긴다. 자본을 시설에 투자해 더 활발한 대량 생산이 가능해지는 것이다. 그러다가 내수 시장이 포화되면 글로벌 시장에 진출하고 상대적으로 낮은 인건비와 시설 투자비에 힘입어 더 큰 성장을 이루어낼 수 있었다. 생각해보면, 지난 100년 동안 지구상에 있는 거의 대부분의 기업들이 비슷한 방정식에 기반하여, 선형적인 성장을 이루어왔다. 그리고 이러한 성장을 뒷받침해준 현재 기업 경영의 바탕에는 테일러리즘(Taylorism)이 자리하고 있다.

명령과 통제에 갇힌 조직의 특징

대량 생산 시대의 패러다임에서 가장 핵심적인 것은 테일러리즘과 포디즘(Fordism)이다. 1890년대와 1900년대 초반, 철강회사와 주물공장 등에서 근무했던 테일러는 '과학적 관리법(Scientific management)'이라는 이론을 만들었다. 테일러가 이러한 이론을 만든 것은 근로자들이 기업 내에서 저지르는 게으름에 과학적으로 접근하여 이를 방지하고, 빠른 시간에 가장 생산적으로 일을 해낼 수 있는 방법을 찾아내기 위해서였다.

이는 노동자의 동선, 작업 범위 등 노동 표준화를 통해 생산 효율성을 높이는 데 핵심을 둔 체계다. 테일러의 과학적 관리법은 철강, 기계, 철도 회사 등을 거쳐 자동차 회사 포드의 컨베이어 벨트를 이용한 조립 생산에도 도입돼 제조업 생산 기술을 확장시키는 데 기여했다. 이후 테일러리즘은 현대 미국과 기업 경영 관리 체계의 기반이 되었으며, 미국의 산업 생산력을 폭발적으로 증가시키는 데 중추적 역할을 했다. 이렇게 명령과 통제로 대표되는 조직 운영 방식인 테일러리즘은 다음과 같이 크게 세 가지 관점으로 구성된다.

업무와 조직이 작은 단위로 분절되고 표준화되다

테일러리즘은 기업 조직을 프로세스에 따라 분절되고 표준화된 조직으로 나눈다. 그리고 각 조직이 각자의 업무만을 충실히 수행함으로써 전체의 생산성을 극대화하는 데 기여할 수 있다고 믿었다. 마치 컨베이어 벨트에서 각 공정에 따라 물건이 만들어지는 것처럼, 조직의 업무 할당과 수행도 그러한 방식으로 이루어지는 것이 생산성을 극대화할 수 있다고 보았다.

전략 및 계획과 실행을 분리하다

테일러리즘에 몰입한 이들은 가치 사슬(기업 활동에서 부가 가치가 생성되는 과정)이나 생산 순서에 따라 조직의 수평적인 분절을 만들었다. 그리고 조직을 세부적으로 위계화하고 이를 통해 조직을 통제하고 관리함으로써 생산성이 높아진다고 믿었다. 이는 결국 근로자들은 작업의 '실행'만 담당하게 되고, 어떠한 실행을 할 것인지에 대한 아이디어와 전략, 방향성 등에 대한 고민은 경영자와 관리자만이 수행하게 만드는 결과를 가져왔다. 경영자는 정보와 지식을 독점하고, 그것을 기반으로 판단한다. 반면 일반 근로자들은 상부에서 내려오는 명령에 따라 행동을 통제받으며, 지시받은 단순 작업들을 수행한다. 당연히 자율적 판단이나 의사 결정, 창의적 사고가 발현될 기회는 주어지지 않는다.

동기 부여 = 금전적 보상

테일러리즘에서는 근로자들을 지속적으로 동기 부여시키는 것은 생산성 향상을 통해 얻어진 경제적 이윤을 분배하거나 금전적으로 보상하는 것이라고 보았다. 이런 사고가 바탕에 깔려 있기에 금전적인 보상 등의 외재적 보상만으로도 근로자에게 동기 부여를 할 수 있다고 믿는다. 인간 본연의 내적 동기나 자율성은 완벽히 배제된 채 운영되는 것이다. 그래서 테일러리즘에 기반한 현대 기업 조직은 구성원을 컨베이어 벨트의 부품처럼 여기고 기계처럼 취급한다는 비판을 종종 받는다.

언제까지 100년 전
성공법을 따를 것인가

현대 기업들은 대량 생산과 효율화를 통한 고성장을 만들어내기 위해 조직과 업무를 끊임없이 표준화, 규격화하려는 노력을 해왔다. GE를 비롯한 많은 기업들이 동일한 역량, 비슷하게 일하는 방식을 갖춘 인재들을 위계를 통해 체계적으로 육성했다. 그리고 식스 시그마(Six sigma, 기업이 최고의 품질 수준을 달성할 수 있도록 지속적인 개선방안을 찾는 데 초점을 맞춘 경영혁신 방법론)와 같은 표준화와 상향 평준화 방식의 방법론을 통해 생산성을 끌어올리는 데 집중해왔다. 그래서 CEO부터 말단 직원까지 촘촘한 위계에 의해 하부 조직을 관리하는 체제로 움직이고, 각 조직은 상부의 명령을 받아 이를 수행해왔다.

이러한 현대 기업 조직의 형태는 지난 100년간 제조 기반의 기업이 성장하는 데 있어 매우 중요한 역할을 수행했다. 그것은 부정할 수 없는 사실이다. 그러나 급속한 글로벌화를 거쳐, 디지털 시대로 재편되고 있는 오늘날에도 이러한 테일러리즘이 성과를 발휘할 수 있을까?

앞서 말한 구글, 아마존, 넷플릭스, 메타(페이스북)을 보라. 그들에게는 공정도 없고, 단위 비용도 없으며, 제조 시설도 없다. 글로벌 원 마켓(One market)이기에 해외 시장 진출이라는 개념도 희박하다. 불과 20년이라는 짧은 시간 동안, 이전 100년간 이루었던 성장의 속도를 가로지르면서 구글, 메타(페이스북) 같은 기업들이 등장했다. 과거 선형적 성장을 하던 시절에는 20년 전의 지식을 가져다 써도 충분히 유효했지만 지금은 상황이 다르다. 5~10년 전의 사고, 전략, 전술, 일하는 방식으로는 지금 우리가 맞닥뜨린 변화와 현실을 설명할 수 없다. 20년 전에 성공했던 사람들이나 CEO로부터 더 이상 미래의 생존법을 배울 수 없는 세상이 온 것이다. 분업, 계획과 실행 간 분리를 통해서 생산성의 개선을 이룰 수 있다고 생각하는 게 테일러리즘의 근간이다. 그러나 그 근간을 이루는 전제와 가정이 무너지기 시작했고 이제 테일러리즘은 서서히 그 효력을 다하는 모양새다.

우리에게 다가온 새로운 세상은 산업화 이후, 지난 100년과는 완전히 다른 산업 환경의 변화를 가져왔다. 이에 따라 기업을 운영하는 방식도 구성원이 일하는 방식도 이전과는 전혀 다른 형태로 변화할 것을 요구받고 있다.

복잡계의 시대를
살아가는 해법

>>>

경영의 세계가 파괴적 혁신과 변화로 급속한 패러다임의 전환기를 맞았고, 분야를 넘나들며 지식 및 기술의 융합이 이뤄지고 있다. 독창적 역량을 필요로 하되 사람들과 어우러질 수 있어야 하고, 창의성을 갖되 '제너럴(General)'한 면모, 보편성 또한 갖추어야 한다. 그뿐인가? 디지털의 발전이 가져온 빅데이터의 부상과 연결성은 우리를 더욱 복잡한 세상으로 이끌고 있다. 오늘날의 세상은 '복잡계(Complex system)' 그 자체다.

복잡계는 질서와 무질서가 엉켜 있는 체계로, 단순하게 말해 '복잡성(Complexity)'을 보이는 '계(System)'이다. 복잡계 이론은 '지난 30~40년간 물리학, 경제학, 사회학 등 다양한 분야에서 연구한 광범위한 학문'으로서 대표적으로 태풍의 불규칙한 진로나 기상 이변, 부동산과 주식 가격의 불규칙한 변동 현상 등과 같은 복잡하고 예측 불가능한 시스템을 의미한다. 복잡계 세상에서의 업무나 프로젝트는 그것을 둘러싼 사회, 정치, 경제, 환경적 요인과 제안자의 사고 방식, 제작자의 역량과 자신감, 경영자의 자질, 회사의 경영 상황, 그리고 초 단위로 갱신되는 최신 기술 및 경쟁 바운더리 변화 등 많은 요인에 상호 복합적으로 영향을 받기 때문에 인과 관계가 불분명하고 예측이 어려워진다는 것이다.

최근의 복잡계 경영 환경을 가리켜 'VUCA(Volatility, Uncertainty, Complexity, Ambiguity의 약자)의 시대'라 표현하기도 한다. 우선 4개의 키워드를 각각 살펴보면 변동성이 높고, 불확실하며, 복잡하고, 모호한 환경이라는 뜻이다. 이는 21세기의 변화를 설명하는 용어로, 미육군에서 먼저 사용하기 시작했다고 알려져 있다. 그런데 최근의 복잡계 경영 환경을 이 용어만큼 정확하게 설명해주는 것이 없다. 네 가지 환경 변화의 키워드가 기업의 사업 환경뿐만 아니라 내부적 조직 운영과 관련해 어떤 이슈를 제시하고 있는지 풀어보자.

변동성 :
빠르게 재편되는 조직 체계를 갖춰라

한국 기업이든 글로벌 기업이든 간에 대부분의 기업들은 1~2년 주기로 조직을 재편하는 패턴을 갖고 있다. 여러 이유가 있지만 대체로 1년을 결산하고 지난 경영 성과를 뒤돌아보며, 새해의 전략에 기반해서 조직을 재편하기 때문이다. 우스갯소리일 수도 있지만, 한국의 경우 임원들이 직책에 보임되거나 임원으로서의 일반적인 계약 기간이 2년 주기인데 이 또한 이유 중 하나이기도 하다. 자기가 총애하는 누군가에게 벼슬을 주기 위해 억지로 직책을 만드는 '위인설관(爲人設官)'의 문제가 아직 남아 있다는 뜻이다.

그런데 이러한 주기가 최근 들어 점점 짧아지고 있다. 많은 기업에서 1년이 아니라 6개월 혹은 상시적으로 조직을 재편한다는 얘기들이 들려온다. 사실 빠르게 변화하는 시장과 고객의 니즈에 부응하기 위해서는 불가피한 조치일 수밖에 없다. 하지만 피라미드 구조의 위계를 변동하는 것은 결코 쉽지 않다. 단위 조직들은 이미 부서별 이해관계나 정치적 이유로 나름의 존재를 증명하려 애쓰기 때문이다. 그런 이유로 많은 기업들이 기존의 조직 구조는 그대로 유지하되, TF(Task Force의 약자, 특정한 업무를 할당받아 편성된 임시 조직) 또는 프로젝트팀이라고 부르는 임시 조직들을 만들어 시장과 고객에 대응하는 방식을 택한다.

문제는 이렇게 TF 같은 임시 조직들이 피라미드 안에서 제대로 성과를 내기가 쉽지 않다는 점에 있다. 조직 문화 컨설팅을 하기 위해 직원들과 만나 이야기하다 보면, 어떤 직원의 경우 상시적인 업무 외에도 5~6개의 TF에 속해 있다는 이야기를 듣곤 한다. TF가 제대로 운영되느냐고 물어보면, "그냥 하는 거죠 뭐. TF는 열심히 할 필요 없어요" 하고 심드렁한 대답이 이어진다. 그러한 반응에서 알 수 있듯 혁신적 성과를 내기 위해 TF를 하는 것이 아니라, 그저 불필요한 업무 부담으로만 인식되는 경우가 많다.

대체 왜 이런 일이 벌어지는 것일까? TF 활동에 있어 제대로 된 권한 부여와 성과 평가가 이루어지지 못하고 있기 때문이다. 나를 평가하는 것은 내가 소속된 조직의 팀장이다. 그러니 TF는 제아무리 잘해도 합당한 평가가 따라주지 않는다. 당연히 열성을 다할 리 없다. 최악의 경우에는 TF에 참여하지 않으면 해당 조직에 불필요한 업무가 할당될까 봐 의무 방어 차원에서 형식적으로 참여하기도 한다.

여전히 기업에서는 시장과 고객에 대응하기 위해 TF나 TDR(Tear Down & Redesigh의 약자) 같은 임시 조직을 활용하고 있다. 하지만 기존 조직의 사일로(Silo, 이윤을 독점하려는 사업부들의 이기주의)와 위계질서, 평가 시스템을 끊어내지 못한다면, 수시로 변화하는 조직들이 제대로 일하도록 리셋하지 못한다면, 시대의 빠른 변화에 대응하기가 결코 쉽지 않을 것이다.

불확실성:
계획서보다 시장의 변화에 일단 대응하라

보통 하반기에 접어들면 많은 기업들이 다음 연도 경영 계획을 수립하는 프로세스를 시작한다. 사업부 단위별로 전략을 다시 점검하고 내년도 매출 및 수익을 예측한다. 이러한 경영 계획 수립은 아래로부터 수렴되어 단계별로 검토되고 승인받는 매우 힘겨운 과정을 거친다. 이후 내년도 리더 및 사업부 단위의 MBO(Management By Objective의 약자. 조직의 목표를 단위 조직과 리더의 목표로 나눠주어 목표를 관리하는 경영 기법) 목표와도 연계된다. 대부분의 기업에서 이 과정을 수행하는 데 적어도 3개월 정도가 걸리며, 늦어지는 경우 그해 초까지 진행되기도 한다. 심지어 과거 한 고객사의 경우 MBO가 당해 년도 5월에서야 수립되는 경우도 보았다.

경영 계획과 MBO를 수립하는 목적이 무엇인가? 실제 업무 성과를 높이기 위해서다. 그런데 당해 년도 5월까지 MBO를 수립하고 있으니, 5월 이전까지는 성과나 목표가 없이 굴러온 것이나 마찬가지다. 그런데 왜 이렇게 수많은 시간을 쓰고 보고서를 수백 번 고쳐가며 계획을 연신 수정하는 것일까?

고객사 담당 임원에게 물었더니 "원래 하던 프로세스일 뿐 별다른 이유는 없다"라는 답변이 돌아왔다. 그렇다면 목표가 실제 성과를 이끄는지 여부와 상관없이 오직 결과에 대한 평가를 위해 MBO 목표를 세울 수밖에 없다는 이야기가 된다. 더 놀라운 것은 이러한 광경이 우리 기업들에게서 매우 흔하게 목격된다는 점이다.

최근의 경영 환경은 이전과 다르다. 불확실성이 심화되면서 중장기뿐만 아니라 1년이나 2년 뒤의 시장 상황도 예측하기 어렵다. 코로나19가 처음 발견되었을 때만 해도 우리는 코로나19로 인해 완전히 다른 생활 환경에 처하리라 상상하지 못했다. 2019년도 역시 마찬가지다. 일본과의 정치적 갈등이 갑작스레 반도체와 디스플레이 핵심소재 대상 무역 분쟁으로 번지는 사태를 겪기도 했다.

이런 상황에서 타성에 젖어 세우는 경영 계획이 효과가 있을 리 없다. 실제로 상장기업들의 경영 계획 대비 실제 경영 성과를 비교한 최근의 연구 결과에서도 경영 계획의 정확도는 점점 줄어들고 있는 것으로 나타났다.[9] 대다수의 기업들이 정확한 예측과 준비를 하기 위해 매우 많은 리소스와 시간을 경영 계획 프로세스에 쏟고 있지만, 투자만큼 효용이 나오지 않는 시대에 살고 있다는 뜻이다. 오히려 면밀한 계획을 세우는 데 시간을 쏟는 것보다 실제로 시장과 고객의 변화에 촉각을 세우고, 그때 그때 발 빠르고 유연하게 대응하는 것이 훨씬 더 중요한 역량이다.

경영 컨설팅 회사는 경영 환경의 변화에 가장 민감한 집단 중 하나다. 경영 컨설팅 회사가 어떠한 프로젝트를 주로 수주하고 있느냐를 들여다보는 것만으로도 이러한 변화를 감지할 수 있다. 과거 맥킨지앤드컴퍼니, 베인앤드컴퍼니, 보스턴컨설팅그룹 같은 저명한 전략

컨설팅 회사들에서는 중장기 경영 전략 수립이나 시나리오 플래닝, 비전 2025 같은 전략적 목표와 방향성을 수립하는 프로젝트들이 업무의 상당 부분을 차지하고 있었다.

그런데 이런 경영 컨설팅 회사들의 프로젝트들 중 최근에는 '실행'에 집중한 장기 프로젝트의 비중이 점점 높아지고 있다. 반면, 단기간에 미래와 시장을 예측해내야 하는 프로젝트들은 예전 대비 현저히 줄어들었다. 누구라도 내년도 시장을 정확히 짚어내기 어렵기 때문이다. 대신 컨설턴트와 업계 출신의 자문가들이 고객과 오랜 시간 파트너십을 유지하면서 마치 회사의 외부 팀과 같은 역할을 하고 있다. 실제 수익이 창출되면 외부 팀과 회사와 나누어 갖고, 계획 수정만이 아닌 실행과 성과에 집중한 프로젝트들의 비중이 점점 증가하고 있다.

복잡성 :
과거의 경쟁자를 미래의 파트너로 만들어라

지금 우리를 둘러싼 시장의 경쟁 구도는 어떠한가? 실로 복잡하기 이를 데 없을 뿐만 아니라 피아 식별이 어려운 시장이다. 말 그대로 나와 타인, 적과 친구의 경계가 모호하다.

예를 들어보자. 현대자동차 입장에서 자동차 공유 플랫폼 업체인 우버는 경쟁자일까 파트너일까? 10년 전만 하더라도 현대자동차의 경쟁자는 명확했다. 국내에서는 르노삼성이나 GM대우 등의 업체와 경쟁했고, 해외에서는 비슷한 포지셔닝을 가진 혼다, 도요타 등과 경쟁했다.

하지만 최근 몇 년 동안 관련 시장의 변화는 다 열거할 수 없을 만큼 복잡해지고 있다. 다른 사람과 함께 쓰는 공유 자동차, 공유 자전거뿐 아니라 마이크로 모빌리티, 퍼스널 모빌리티 같은 이동 수단까지, 매우 다양한 모빌리티 업체가 등장했다. 그뿐인가. 테슬라를 비롯해 전기차 업체의 성장 등으로 인해 자동차 제조 시장 자체의 경쟁 구도도 매우 다이나믹하게 바뀌었다. 글로벌 시장에서는 우버를 비롯해 리프트, 그랩 등 자동차 공유 경제 플랫폼이 미친 속도로 성장했고, 이미 개인의 삶에 들어와 자리를 잡았다. 국내에서는 규제 때문에 확산이 쉽지 않았으나, 그 틈을 파고들어 카카오택시, 타다, 쏘카 등의 서비스가 빠른 속도로 성장했다.

이러한 모빌리티 시장의 성장은 어떤 결과를 가져왔을까? 높은 비용을 지불하면서 자동차를 보유하지 않아도, 대부분의 소비자들이 동등하게 누릴 수 있는 고객 경험을 제공해주었다. 다시 말해 '차를 소유하고자 하는 욕구'를 대체할 만한 서비스를 제공한 것이다. 이런 업체들이 증가하는 것은 결국 현대자동차와 같은 완성차 업체들의 고객을 빼앗는 결과를 가져올지도 모른다. 마치 1900년도 초반, 자동차가 마차를 대체하면서 마차의 시장 자체가 소멸했던 것처럼 말이다.

지금은 물러났지만, 승차 공유 플랫폼인 타다의 대표였던 이재웅

씨는 2019년 택시 업계와의 충돌이 극심하던 시점에 다음과 같은 내용을 SNS에 올린 바 있다.

"타다가 지향하는 것은 택시와의 경쟁이 아니다. 우리가 궁극적으로 경쟁하는 것은 '차를 소유하고 싶은 마음'과의 경쟁이다."

뿐만 아니라 현대기아차의 정의선 회장도 2019년 5월, 칼라일 그룹과의 대담에서 "앞으로는 자동차를 소유하는 것보다 공유하는 시대가 올 것"이라며 모빌리티 시장에 대한 전면적인 투자 의지를 밝혔다. 실제로도 현대기아차는 미국, 유럽, 동남아, 중국 등 각지의 모빌리티 업체 투자를 적극적으로 검토하면서 파트너십을 맺고 있다. 그들은 친구일까, 적일까? 누구도 예측하기 어렵지만, 모빌리티 시장의 주도권을 두고 기존 자동차 업체와 플랫폼 업체 간의 치열하고 복잡한 전쟁의 서막이 열리고 있음은 명백하다.

모호성:
정답보다는 열린 논의를 지향하라

모호성은 이전의 세 가지 특징들과 연결되어 있다. 변동 가능성이 높고, 불확실하며, 복잡한 환경에 처했지만 조직에서는 여전히 위계적인 서열을 통해 정보를 공유할 것을 강요한다. 구성원들 역시 과거와 같은 방식으로 명확하게 정보를 재해석하고, 구조화하고, 논리적 사고에 기반하여 해결 방안 A, B, C를 만들어낸다. 그리고 위계를 타고 올라가며 매 단계마다 설득해야 했던 과거형 의사 결정 구조를 반복한다.

그러나 그 누구도 이론적으로는 정답을 예측할 수 없는 상황에서 이러한 작업은 매우 비효율적이고 소모적이다. 무엇보다 실제 현장과 괴리된 의사 결정을 하기 십상이다. 무엇 하나 뚜렷하지 않은 내용을 정리하고, 윗사람들을 설득하기 위해 논리를 만들자니 보고하는 사람이 괴롭다. 그뿐만 아니라 정답이 없는 세상에서 정답을 찾으려고 나서는 리더도 괴로울 수밖에 없다. 오히려 이러한 상황에서는 구성원들이 논리, 해석, 의미를 정리하려 애쓰기보다 조직 내에서 정보를 투명하게 공유하는 것이 중요하다. 정해진 채널과 위계를 관습적으로 따를 게 아니라, 다양한 관점과 접근 방식으로 의견을 교환하고 조정해나가는 과정과 조직 문화로의 변화가 무엇보다도 시급해진 것이다.

복잡계 환경이 조직에 가져오는 변화

우리는 여기서 복잡계와 혼잡계를 구분해 생각할 필요가 있다. 이는 〈하버드 비즈니스 리뷰〉 2011년 9월호에 실린 'Learning to live with complexity'란 제목의 글에 잘 나타나 있다. 거버너스 주립대 사르구트 교수와 컬럼비아 경영대학원 건터 맥그래스 교수가 쓴 이 글에 따르면, 오늘날의 복잡계 시스템은 30년 전의 경영 환경이 가진 혼잡계 시스템과 본질적으로 다르다고 한다.

혼잡한 시스템을 구성하는 많은 부분들은 각기 다른 방식으로 움직이지만 그 움직임 속에 나름대로 패턴이 있다. 따라서 아무리 복잡한 공식이라고 할지라도 결국 풀어내는 방식이 존재하게 마련이라는 것이다. 예를 들어, 상업용 항공기를 띄우는 일이나 식스 시그마 프로세스를 실행하는 일 등은 혼잡하고 어려운 일이기는 하나 투입되는 요소, 진행 방법, 산출되는 결과 등이 상대적으로 예측하기 쉽다. 그러나 복잡계의 경영 환경은 다르다. 정해진 패턴이 아닌 여러 요소 간의 상호 작용이 지속적으로 변화하는 특징을 가진다. 다중성, 상호의존성, 다양성에 의해 결과를 예측하기가 상대적으로 매우 어려워진다.

문제는 이러한 환경 변화에도 불구하고 기업의 위계적인 의사 결정 시스템은 변화가 없다는 점이다. 테일러리즘에서 발현된 의사 결정의 권한과 책임은 여전히 상위 관리자가 독점하고 있다. 게다가 관료주의적이고 위계적인 조직일수록 그 권한은 점점 더 위로 쏠리게 되어 있다. 그래도 과거 혼잡계 시스템 속에서는 경험이 있고, 특정 전문성이나 직관이 뛰어난 CEO나 리더가 충분히 문제를 풀어낼 수 있는 가능성이 존재했다. 결과를 예측할 수는 있었던 환경이기 때문이다.

그러나 복잡계 시스템에서는 누군가가 정보를 모으고 앉아서 그 정보를 토대로 예측성이 높은 의사 결정을 내려주는 것이 불가능하다. 어떻게 될 것인지 마냥 머릿속으로 고민하고 분석하고 상상하고 계획하는 것은 더 이상 중요하지 않게 되었다. 완벽을 기하며 계획하고 준비하는 사이, 세상은 다양한 변수들에 의해 전면 달라져 있을 것이기 때문이다. 때문에 복잡계 시스템에서는 정답이 나올 때까지 마냥 기다리기만 해서는 안 된다. 복잡계 시스템에서 중요한 건 적시에 문제를 감지(Sensing)하고, 그것들을 바로 찔러보고(Probing), 실행에 옮기고, 실험을 통해 실패를 겪고, 실패에서 빠르게 회복해서 그 다음 조치를 취하는 형태로 나아가는 것이다. 일단 무엇이 정답일지 모르지만 다양한 것을 시도하고 도전해보는 것이 필요하다. 실패하는 과정에서 경험을 반복하고, 그것을 통해 성공의 가능성을 점점 높여가야 한다. 여기서 필요한 덕목은 장기적이고 면밀한 계획이 아니라, 즉각적인 대응과 수정이다.

물론 변동성이나 예측 불가능성, 복잡성의 정도가 각 기업이 처한 환경이나 영향력에 있어 일부 차이는 있을 것이다. 제조 라인을 갖추고 대규모 투자와 생산성 제고가 필요한 업체, 그리고 실패의 비용이 상대적으로 낮은 소프트웨어·모바일 앱 기반 서비스 회사에서 체감하는 변화와 그 변화에 대한 대응 용이성, 필요한 역량의 우선순위는 서로 많이 다를 수 있다. 그러나 속도의 차이는 있을지언정 변화의 방향이 달라지지는 않을 것으로 보인다. 지난 100여 년을 지배해온 방식을 버리고, 조직의 운영과 조직이 인재를 소화하는 방식과 일하는 방식은 이제 완전히 리셋되어야 한다. 그에 대해 보다 자세한 사항은 2장에서 살펴보도록 하자.

2장

조직을
리셋시키는
혁신적 질문들

아직도 수많은 리더들은
일에 대한 주인 의식이
마치 정신력이나 마음가짐,
개인의 태도에 달려 있다고 믿고 있다.

하지만 이것은 매우 일방적이고
폭력적인 요구다.

자율과 신뢰, 책임을
토대로 한 조직 문화,
투명한 성과 평가와 보상이 주어질 때
일에 대한 주인 의식은
자연스럽게 따라온다.

수직 위계 조직이
업무에 도움이 되는가

>>

"수직적인 의사 결정 구조는 4차 산업 혁명 시대에 맞지 않다. 개별 분야에서 발전이 아니라 광범위한 협업이 성공의 필수 요소가 됐기 때문이다."

세계 경제 포럼 회장인 클라우스 슈밥은 이미 2016년 다보스 포럼에서 수직적, 위계적 조직의 종말을 선언했다.

그후로 세상은 더 급변했다. 코로나로 인해 세계 경제가 일시적으로 성장을 멈춘 듯하지만 기업은 그 어느 때보다 빠르게 진화하고 있다. 코로나로 인한 비대면 환경이 새로운 '뉴 노멀(New normal)'이 되고, 디지털 플랫폼 경제가 가속화될수록, 위계질서를 강조하는 계층화된 수직적 조직은 생존하기 어렵다. 시장과 고객의 니즈 변화에 즉각적으로 대응하지 못한 채, 느린 의사 결정으로 혁신 기업들의 변화를 쫓아가는 데만 급급하다가 결국 가지고 있는 전통적 시장마저 잠식당하는 수순을 밟을 것이기 때문이다.

기계적 조직에서 유기적 조직으로의 진화

오늘날 수많은 기업들이 어떻게든 위계를 줄이고 수평 조직으로의 변화를 강조하고 있는 것은, 위계 조직이 갖고 있는 문제를 너무도 잘 알고 있기에 이를 해결해보고자 하는 노력의 일환이다. 그러나 안타깝게도 단시간 내에 변화가 이루어지기는 쉽지 않다. 이미 기존의 조직 구조 안에서, 승진과 보상의 외재적 동기에 길들어진 리더와 구성원들의 의식이 하루아침에 바뀌기는 어렵기 때문이다. 하지만 조직 구조와 기저 문화의 변화만을 강조한다고 해서 원하는 속도와 역동성을 얻어내기는 쉽지 않다.

오늘날 주목받으며 성장하는 디지털 혁신 기업들은 부분적으로든 전체적으로든 '기계적 조직'의 형태를 탈피해 '유기체 조직' 구조를 갖추고 있다. 기계적 조직이라 함은 1장에서 이야기한 것처럼 테일

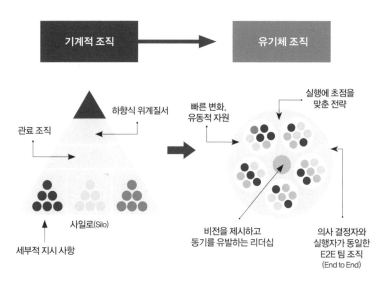

기계적 조직 ➡ 유기체 조직

관료 조직

하향식 위계질서

세부적 지시 사항

사일로(Silo)

빠른 변화, 유동적 자원

실행에 초점을 맞춘 전략

비전을 제시하고 동기를 유발하는 리더십

의사 결정자와 실행자가 동일한 E2E 팀 조직 (End to End)

— 출처 : Mckinsey, 'The 5 trademarks of Agle Organition'

러리즘에 입각해 조직을 계층 및 기능으로 분절하고, 피라미드 형식의 위계 조직 형태로 만든 전통적 조직 구조를 일컫는다. 산업화 시대부터 시작해 최근까지 지구상의 기업들 대부분이 이러한 조직 구조에 기반해 조직을 운영해왔다. 기계적 조직의 아래에 있는 구성원들은 위로부터 내려온 지시 사항을 충실히 이행함으로써 전체 생산성의 합이 최선이 된다고 보았던 것이다.

그런데 최근 기계적 조직 형태를 벗어나 위계와 직급이 없는 수평적 '유기체 조직' 형태를 기반으로 무섭게 성장하는 혁신 기업의 사례들이 속속 등장하고 있다. 이들은 작지만 자기 완결형의 조직을 만들고, 아메바 같은 조직들이 '뭉쳤다 흩어졌다'를 반복하며 유기체적 조직 형태를 갖추어나간다. 구글, 넷플릭스, 메타(페이스북) 같은 해외 기업뿐만 아니라 국내에서도 카카오, 쿠팡, 토스 같은 기업들이 이러한 조직 구조로 운영되고 있다. 이들이 새로운 조직 구조와 일하는 방식을 받아들이게 된 이유는 무엇일까? 여러 이유들이 있을 테지만, 궁극적인 목적은 단 한 가지다. 바로 고객의 니즈에 빠르게 대응하기 위해서다.

위계적 조직이 오늘날의 경영 환경에서 안고 있는 가장 치명적인 문제는 의사 결정에 너무 많은 시간이 소요된다는 점이다. 수직적 관료주의가 만연하는 기계적 조직에서는 혁신적 아이디어의 실행보다는 '절차와 설득'이 중요한 업무 역량이다. 새로운 업무를 시도하려면 협조를 받아야 하거나 이해관계가 다른 타 부서 팀장, 임원의 동의까지 구해야 하기에 조직 내에서 합의를 거치는 데 너무 오랜 시간이 걸린다. 팀장과 다른 조직의 승인을 거치고, 상무님과 사장님이 출장에서 돌아오는 일정까지 감안해서 보고한 후 수십 번씩 버전을 달리하며 보고서를 고치는 동안 시장과 고객은 이미 달라져 있다. 실제로 최근 스타트업들이 시중 은행, 대기업들과 협업하는 경우가 늘어나고 있는데 스타트업 대표들을 따로 만나 이야기를 하다 보면 협업에 어려움을 토로하는 경우가 많다. 한결같이 의사 결정이 너무나 느리고 일하는 속도가 전혀 맞지 않는다는 것이다.

이러한 문제를 수정하기 위해, 유기체 조직에서는 위계를 없애고 단위 조직에게 충분한 자율과 권한을 부여했다. 단위 조직은 실행에 필요한 의사 결정을 자율적이고 독립적으로 할 수 있을 만큼 다양한 직무 전문성을 갖춘 사람들로 자기 조직화되는 것을 전제로 하고 있다. 시장이나 고객의 니즈 변화를 누구보다 빠르게 알아차리는 것이 실무자임을 인정하고, 그들을 전문가로서 신뢰하며 그들에게 실행에 필요한 의사 결정의 권한을 줌으로써 '자율과 신뢰'의 원칙에 따라 조직이 운영되도록 한 것이다.

보여주기식 보고서보다
실행력이다

기존 위계적 조직에서는 의사 결정이 상위 경영자들 층위에 가서야 대부분 이루어졌다. 아래에서 안건을 올려 층층의 단계를 거치며 경영진의 승인을 얻어내기 위해서는 무엇보다 의사 결정의 논리와 전략적 마인드가 중요했다. 그래서 보고서를 잘 쓰는 것이 관건이었다. 내용이 부실하면 형식과 형태를 가다듬고 꾸며 정돈된 것처럼 보이게 만들었다. 경영진을 설득할 수 있는 논리를 얼마나 잘 만들어내느냐, 보고서를 얼마나 잘 쓰느냐가 업무에서 가장 중요하게 평가받는

척도였다. 이것을 잘하는 임원들이 승승장구했다. 그 결과 조직에서 이루어지는 의사 결정의 질은 보고서로 평가받았고, 꾸준한 실행보다는 보고서를 통한 '보여주기식' 과제를 만드는 것에 집착하는 문화가 확산됐다. 고객을 위해 살아 움직여야 할 기업이 보고서 위에서 경직되어간 것이다. 그야말로 주객이 전도된 상황이다.

그런데 코로나를 비롯해 예측 불가능한 상황이 범람하는 복잡계의 시대에서 이러한 계획은 '무쓸모'가 되어가고 있다. 단 1년 후의 기업 환경도 예측하기가 어려운 지금, 내노라하는 컨설팅 업체와 협업했다고 한들 코로나 사태를 예측하고 대비할 수 있었을까?

물론 기업의 경쟁력과 고객 가치에 있어 포지셔닝을 고민하고 이를 중장기 비전 및 목표로 삼는 것은 매우 중요한 경영 활동 중의 하나다. 모든 것이 불확실하지만 명확한 북극성을 따라 움직이는 것은 오히려 기업들에게 더욱더 중요해지고 있기 때문이다. 다만, 과거의 조직에서는 실행보다는 계획을 수립하는 활동 그 자체가 과도하게 강조되었던 게 문제였다. 그로 인해 오히려 고객 니즈에 대한 대응과 실행은 더 늦어지는 아이러니한 상황이 벌어진 것이다.

그러므로 복잡계를 헤쳐나가야 할 조직에게 필요한 것은 방대한 분석과 벤치마킹한 아이디어로 보기 좋게 채워진 기획 보고서가 아니라, 당장의 실행에 초점을 맞춘 대응이다. 이를 위해서는 실행에 필요한 의사 결정권이 시장의 변화를 감지하고 바로 대처해야 하는 사람들, 즉 직원들에게 주어져야 할 필요가 있다. 그들로 하여금 신나게 일에 몰입해 결과를 만들어내고, 지속적으로 조직을 성장시킬 수 있도록 무기를 지원해줄 수 있어야 한다. 또한 그러한 속도와 몰입을 방해하는 기존 조직의 일하는 방식들은 과감히 버리고 가는 의지가 필요하다.

누구를 위해
일해야 하는가

———————————————————— >>

비즈니스 세계에서 변화는 숙명이다. 기업들은 저마다 혁신과 진정한 차별화를 외치며 오늘도 최선을 다하고 있다. 하지만 좀 더 솔직한 질문을 던져보자. 그 속에서 일하고 있는 임직원들의 진심도 그러할까? 당장 내일 책상이 없어질지도 모르는 상황 속에서 안전한 선택에 천착하며, '변화를 위한 시늉'만 하고 있는 것은 아닐까?

이 모든 질문을 아우르는 단 하나의 질문은 다음과 같다.

"우리는 누구를 위해 일하고 있는가?"

아마 이 글을 읽는 독자들이나 경영자들 모두 너무나도 당연하게

'고객'이라고 답할 것이다. 정답이다. 고객이 누군지 제대로 알고 일을 해야 진정한 변화가 가능하다. 그런데 과거에도 기업 핵심 가치의 단골 메뉴는 '고객 중심'이었다. 지금도 고객이 등장하지 않는 기업 가치나 비전을 찾아보기 어렵다. 하지만 우리는, 그리고 그들은 진정으로 고객을 위해서 일했을까? 놀랍게도 실제로는 그렇지 않은 기업이 대부분이었다.

피상적으로는 고객을 위한다고 하지만 실제 일하는 방식은 공급자 중심의 관점으로 일하거나, 고객은 둘째로 미뤄두고 나와 내 팀이 위계 조직 안에서 살아남기 위한 의사 결정을 해왔을 확률이 높다. 좀 더 솔직히 말하자면, 고객보다 내 상사가 조직에서 살아남도록 하는 게 더 중요했을 것이다. 그래야 나와 우리 조직이 피라미드 조직 구조 안에서 살아남을 수 있었기 때문이다.

상사가 아닌, 고객 중심으로 사고하라

과거에 기업은 고객을 대상으로 이윤을 취하는, 즉 적은 비용으로 고객이 인지하는 가치를 최대화하는 데 중점을 두었다. 이는 주주 가치를 극대화하기 위한 기업의 미션과도 연계되어 있었다. 하지만 최근 들어 기업들의 가치 설정과 전략은 변모하고 있다. 제대로 된 '고객 중심'의 의사 결정을 해야 살아남을 수 있다.

아마존은 '고객 집착(Customer obsession)'에 가까울 정도로 고객 중심적으로 사고하는 것으로 유명하다. 당장은 손해가 나더라도 최대한 많은 고객을 확보하고, 그들을 통해 더 많은 기회를 모색한다는 전략이다. 이는 단기간의 이윤을 취하는 게 아니라 중장기적으로 고객을 '비즈니스 플랫폼'으로 활용해 더 큰 비전을 실현한다는 의미로 해석할 수 있다. 아마존은 외부 파트너들과도 협업하면서 비즈니스 생태계 자체를 끊임없이 변화시키는 혁신을 통한 성장을 택한 것이다.

아마존의 고객 집착이 어느 정도인지 알 수 있는 유명한 일화가 있다. 해리포터 시리즈의 4편인 『해리포터와 불의 잔』이 출간되었을 때 아마존은 적자를 감수하고서 배송료 없이 미국 전역에 판매하는 프로모션을 펼쳤다. 팔면 팔수록 손해를 보는 상황임에도 그들은 왜 이런 마케팅을 했을까? 자신들의 진짜 고객이 누구이며, 그들이 진정으로 원하는 것이 무엇인지 알고 있었기 때문이다.

그들이 고객에게 판 것은 '즐거움'이다. 고객이 기다리던 책을 최대한 빨리, 배송료 없이 받아볼 수 있는 경험을 선사했다. 그것을 통해 자신의 플랫폼에 고객이 머물러 있을 수만 있다면 그 정도의 손해는 감수할 수 있다고 생각한 것이다. 아마존은 성장 과정에서 당장의 매출을 위해 '고객의 주머니를 터는' 마케팅을 지양했다. 그들은 어떻게든 고객을 오랫동안, 지속적으로 아마존 플랫폼에 머물게 해서 또 다른 비즈니스로 연계시키는 선순환의 토대를 만들어나가는 데 집중해왔다. 그리고 이러한 생태계를 유지하기 위해서는 무엇보다 새로운 파트너들과 계속 협업하는 것이 중요해졌다. 더 이상 혼자서는 고객의 니즈를 충분히 충족시킬 수 있는 속도와 다양성을 확보하기 어려운 시대가 되었기 때문이다.

지금까지 기업 간의 파트너십은 대부분 먹이 사슬과 같았다. 때로는 피라미드 구조의 통제 하에서 최대한 이윤을 내기 위해 하청, 재하청의 구조를 통해 이윤을 착취해오기도 했다. 그러한 '제로섬(Zero-sum)' 생태계는 저성장, 저금리의 경제 구조 안에서 더욱 큰 갈등과 한계를 가질 수밖에 없다. 팽창하는 시장에서는 서로 팽창분을 나누어 가지면 되지만, 저성장 환경에서는 치열한 경쟁밖에는 답이 존재하지 않기 때문이다. 결국 저성장 시대 기업의 과제는 주어진 시장 안에서 경쟁과 착취의 모델을 답습하는 것이 아니다. 모든 파트너들이 공생할 수 있는 생태계를 구축하고 그 생태계를 확장하는 데서 활로를 찾아야 한다. 새로운 고객 가치를 창출할 수 있도록 '플러스 섬(Plus sum, 한 사람이 득을 보면, 전원이 득이 됨)'의 가치를 만들어내는 것이 어느 때보다 중요해진 시대가 왔다.

이를 위해 무엇보다도 '누구를 위해서 일하느냐'에 대한 관점이 바뀌어야 한다. 과거에는 고객을 위하는 척하면서 결국엔 주주, 오너, 그리고 상사들을 위해 일했다면, 이제는 '진짜 고객이 원하는 것'에 포커스를 맞추어 민첩하게 조직과 서비스를 바꿔나가야 한다.

과거의 비즈니스 환경은 명확한 경쟁 순위 안에서 경쟁자와 적을 쉽게 파악할 수 있었다. 하지만 오늘날의 시장은 파트너십과 경쟁 관계의 경계가 불분명해졌다. 일례로 삼성은 과거 한때 자동차 사업에 진출하면서 가졌던 현대자동차와의 경쟁 관계를 청산하고, 최근 자동차 전장 등 친환경 차 사업 부문에서 공고한 협업 체계를 구축해나가는 등 모빌리티 동맹을 위한 행보를 보이고 있다. 이처럼 미래 경쟁력 확보를 위해 기업들끼리 이해 관계에 따라 뭉치고 흩어지는 현상은 앞으로 더욱 가속화될 것으로 보인다. 산업을 나누고, 산업 내에서 글로벌과 아시아 경쟁 순위를 따져가며 적대적 경쟁에 집중하거나 수직 계열화를 통해 가치 사슬 체계를 독식하려던 경영 방식은 이제 시대착오적이다. 오직 '공생의 생태계를 통해 고객 가치를 최대화'할 수 있는 기업이 유의미한 결과를 이끌 수 있다.

씨름 선수가 아닌, 피겨 스케이팅 선수처럼 일하라

고객사들과 함께 일하다 보면, 한국 기업들에게서 공통적으로 발견되는 점이 있다. '진짜 우리의 고객은 누구인가'를 정의하는 과정에서 진짜 고객이 누구인지 진심으로 치열하게 고민해본 경험이 없을 뿐더러, 진짜 고객과 얼마나 멀리 떨어져서 의사 결정을 하는지 잘 인식하지 못하고 있다는 점이다. 으레 '회사나 조직 안에서 일하는 것이란 원래 그런 것'이라고 생각하는 경우가 대부분이다.

몇 년 전 국내 한 대기업을 대상으로 '일하는 방식'을 변화시키기 위한 프로젝트를 진행하면서도 이런 사례를 발견할 수 있었다. 예를 들어, 제조사 공장 엔지니어들의 본질적 업무는 기계가 작동하다 고장 나면 현장에서 즉시 대처하는 것이다. 그런데 이들의 업무 시간을 분석하다 보니, 엔지니어임에도 불구하고 8시간의 업무 시간 중 공장에서 보내는 시간은 단 2시간 정도밖에 되지 않았다. 나머지 시간은 보고서를 쓰거나 본사에서 방문한 임원들이 주재하는 미팅과 회의에 참여하는 데 할애하고 있었다. 그들을 직접 만나 이야기를 들어보았다. 그들은 상사와 다른 부서가 요구하는 자료 작성에 시달리느라 엔지니어 본연의 업무에 집중하지 못하고 있다고 했다. 심지어 중요한 고객이 공장에 와서 협의해야 할 일이 생겼는데도, 공장을 방문한 임원이 소집한 미팅에 참석하느라 대응하지 못하는 상황까지 발생했다는 이야기를 들려주었다. 그야말로 본말이 전도된 상황이다.

이러한 현상은 비단 이 회사만의 문제는 아니라, 사실 대부분의 기업에서 벌어지는 일이다. 또 다른 프로젝트를 수행했던 굴지의 대기업에서도 마찬가지였다. 연구소 직원들의 주요 업무는 새로운 기술을 연구, 개발하고 시제품, 즉 프로토타입(Prototype)을 만드는 것이다. 그러나 실제로는 갖가지 행정 업무와 내부 관련자들을 설득하고 합의를 얻는 데에 너무 많은 시간과 에너지를 소모하고 있었다. 뿐만 아니라 나와 나의 팀이 살아남기 위해 내부 경쟁에 몰입하다 보니, 시장이 어떻게 변하고 있으며 고객이 무엇을 원하는지에 대해서는 놓치기 일 쑤였다. 조직의 생존 논리에 몸을 맞추다 보니 정작 본연의 업무, 가장 핵심적으로 집중해야 할 일들이 뒷전으로 밀려나는 아이러니가 펼쳐 진 것이다.

조직의 역량을 키우기 위해서는 내외부를 막론하고 경쟁보다 협업 에 방점을 두어야 한다. 이는 다양한 시도를 멈추지 않으면서 구성원 과 조직 스스로 진화하는 데 필요한 핵심 사항이다. 그리고 이를 위해 서는 구성원들의 시선이 조직 밖에 있는 파트너와 고객들을 향해야 한다.

SK그룹은 매년 계열사 임원들이 모여 경영 회의 겸 포럼을 연다. 몇 년 전 그 자리에 DT(Digital Transformation의 약자, 디지털 기술로 비즈 니스 모델과 일하는 방식을 혁신시키는 것) 혁신 관련해서 패널로 참여한 적이 있다. 발표 후 저녁 식사 시간에 최태원 회장은 여러 테이블을 다니며 주요 참석자들과 이런저런 이야기를 나눴다. 그날 내가 들은 최 회장의 말 중 가장 인상 깊었던 것은 경쟁에 관한 비유였다.

"과거의 경쟁과 앞으로의 경쟁은 다르다. 예전의 경쟁은 씨름의 샅 바 싸움이었다면, 앞으로의 경쟁은 피겨 스케이팅과 같다."

다시 말하자면, 앞으로 기업은 정해진 경쟁자를 물리치는 데 집중 하는 것이 아니라, 자신과의 싸움을 통해 연마한 기술로 감동을 선사 하는 피겨 스케이팅 선수처럼 끊임없이 노력하고 연구해야 한다는 의미였다.

우리의 경쟁 상대는 외부에 있지 않다. 우리가 넘어설 것은 어제의 나, 오늘의 성과에 만족한 나 자신이다. 외부 상대가 아닌 '나와의 경쟁'을 통한 변화와 혁신, 고객 가치를 위해서라면 기꺼이 기존의 경쟁자와도 파트너십을 이루고 경계 없이 일할 수 있는 개방성과 유연함, 그것이 우리 조직을 지속 가능케 하는 힘이다.

무엇을 무기로 삼아
일해야 하는가

────────────────────────────── >>>

미국 MIT 슬론경영대학원의 교수 더글러스 맥그리거의 'X-Y 이론'
은 지금도 인간 유형에 대한 중요한 관점을 제공하고 있다. 맥그리거
교수는 탁월한 인간 관리의 전제 조건은 인간에 대한 올바른 이해와
신념, 즉 정확한 인간관의 확립 여부에 달렸다고 했다. 그는 전통적
인간관을 'X이론', 현대적 인간관을 'Y이론'이라 불렀다.

  X이론에 따르면, 사람은 본래 노동을 싫어하고 수동적으로만 일을
하기 때문에 일을 시키려면 일단 압박하고 통제하고 명령해야 한다.
그러므로 조직은 직원들을 끊임없이 통제하고 관리해야 한다는 관점

이다. 반면 Y이론은 관리가 아닌 동기 부여를 중시한다. 인간의 본성은 오락이나 휴식처럼 일을 즐기려 하고 스스로 목표를 향해 전념하기 때문에 사회적 욕구나 자아실현 욕구가 중요한 동기라고 본다. 즉 사람들은 충분한 동기와 환경을 제공하면 스스로 의지를 만들어 정진한다는 것이다.

자율과 책임의 조직 문화가 유능한 인재를 끌어당긴다

전통적인 기업들은 대개 X이론에 기반하여 조직을 관리해왔다. 테일러리즘도 이러한 인간관을 바탕으로 하고 있다. 아직도 많은 기업들을 방문해보면 팀별 자리 배치를 T자 형태로 두고, 팀장이 팀원들을 지켜보는 구조로 앉아 있는 모습을 발견할 수 있다. 팀장은 조금만 고개를 들면, 팀원이 자리에 있는지 없는지를 쉽게 파악할 수 있고, 언제든 팀원을 호출해낼 수 있다. 각자의 자리에 앉아 일하는 팀원들을 지켜보면서 팀장은 제대로 팀을 관리하고 있다는 안도감을 가졌을 것이다.

그런데 몇 년 전부터 개방형 자율좌석제를 도입하는 회사가 하나둘 늘면서 팀장들의 고충도 함께 늘고 있다. 직원들이 눈에 보이지 않으니, 일을 제대로 하고 있는지 불안하다는 것이다. 자신이 앉는 자리

주변에는 도통 팀원들이 앉으려고 하지도 않고, 업무 지시라도 할라치면 약속을 잡아서 만나야 하니 여간 답답한 일이 아니다. 그러다 코로나19가 기름을 부은 격이 되었다. 그나마 사무실 이곳저곳의 직원들을 부지런히 눈으로 쫓아다니며 일을 시켜왔는데, 재택근무가 도입된 후에는 사무실에 출근도 하지 않는 직원들을 데리고 일을 해야하는 상황이 되니 어디까지 통제하고 관리할 수 있을지 막막하다고들 한다.

앞서 언급했듯이, 사람을 하향식 위계질서에 따라 관리해야 할 대상으로 보는 것은 결국 의사 결정에 많은 시간이 소요되게 만들고, 시장과 고객에 대한 적시 대응을 어렵게 만드는 치명적 문제를 초래한다. 따라서 앞으로 기업들은 고객 중심으로의 변화를 위해 작지만 민첩하게 움직일 수 있는 팀들을 조성하고, 이들이 제대로 작동할 수 있도록 동기 부여시키기 위한 방도를 모색해야 한다. 즉, 과거 조직 운영의 철학이 명령과 통제에 기반하고 있었다면 앞으로의 조직 운영철학은 달라져야 함을 의미한다.

우리는 패러다임이 바뀌고 있는 극심한 변화의 시기에 놓여 있다. 과거의 조직 운영 방식을 고집하는 것은 비유하자면 이미 신형 무기인 총이 등장한 전투 상황에서 여전히 활과 칼, 방패를 가지고 싸우겠다고 고집을 부리는 것과 마찬가지다. 명령과 통제, 전략과 예측의 시대는 갔다. 콘텐츠 시장의 거대 공룡으로 떠오르고 있는 넷플릭스의무기는 전략도, 시나리오 플래닝도 아니다. 그들의 유일한 무기는 바로 '자율과 책임'의 조직 문화다. 경영 그루인 피터 드러커는 이미 "문화는 전략을 아침으로 먹는다"라고 이야기한 바 있다. 변화의 시대에 선두에 나선 기업들의 이름을 되짚어보면 더더욱 명백해진다. 그들은 전략이 아니라 완전히 다른 비전과 문화로 움직인다. 그렇다면 조직 문화는 어떻게 기업의 무기가 되는 걸까?

앞서 언급했던 것처럼 오늘날과 같은 비선형적인 성장 환경에서는 면밀한 데이터 분석에 기반한 예측과 전략이 성공률을 높이기 어렵다. CEO가 가진 과거의 경험과 혼자만의 직관이 예측력을 가지기도 쉽지 않은 상황이 되었다. 기업은 실무자들이 제대로 고객을 이해하고, 그들의 니즈를 빠르게 알아차리며, 자율적이고 능동적으로 실행해주기를 기대해야만 한다. 그래서 기업들은 구성원들이 '주인 의식'을 가지기를 원한다.

하지만 나는 많은 기업의 경영자들이, 주인 의식이 마치 정신력이나 마음가짐, 개인의 태도와 같다고 믿는 것 같아 안타깝다. 산업이나 기업의 환경이 아무리 척박하더라도 개인이 태도와 마음가짐을 바꾸면 달라질 수 있다고 주장하는 것은 매우 일방적이고 폭력적인 요구다. 주인 의식은 강요한다고 생기는 것이 아니다. 자율과 신뢰, 책임을 토대로 한 근무 방식과 성과 보상이 주어질 때 자연스럽게 따라오게 되는 것이다. 그러나 이 변화의 흐름 속에서도 아직 한국 기업에서는 자율과 신뢰, 책임의 시스템을 제대로 갖춘 사례를 쉽게 찾아보기 어렵다. 여전히 조직은 과거의 방식대로 유지된다. 그리고 침몰하는 배 속에 남아 있다는 위험을 직감한 인재들이 하나둘 조직을 탈출하는 모습이다.

최근 '네카라쿠배당토(네이버, 카카오, 라인플러스, 쿠팡, 배달의민족, 당근마켓, 토스)'로 불리는 테크 혁신 기업과 유니콘 스타트업, 게임 업계 안에서 치열한 개발자 쟁탈전이 벌어지며 개발자 연봉이 치솟고 있다고 한다. 이에 디지털라이제이션을 본격적으로 시작하는 대기업이 가세하기 시작하면서 개발자 영입 전쟁이 극심화되고 있다. 하지만 나는 높은 연봉을 주고 데려온 개발자들이 일년도 안 되어 탈출하는 사례들을 최근 수없이 목격했다. 다소 비판적으로 치우친 관점일 수 있으나, 그 이유가 무엇일까?

그들 중 대다수가 입사 후, 자신의 능력을 제대로 발휘할 수 없는 조직 문화와 환경 속에서 좌절한다. 제아무리 뛰어난 창의력과 추진력을 가진 인재라 해도 조직의 기존 문화에 젖기 시작하면 지속적으로 자신을 변화시키고 성장시킬 마음을 먹기가 쉽지 않다. 그런 환경에서는 나태해질 수밖에 없고 경쟁에서 우위를 점할 자신만의 무기도 잃고 만다. 인간이 직업을 통해 추구하는 가장 중요한 가치 중 하나인 '자기 효능감'에 대해 심각한 타격을 입게 되는 것이다. 높은 연봉을 제시해서라도 우수한 인재를 확보하는 것은 기업으로서 매우 중요한 일이다. 그러나, 오늘날 인재들은 연봉뿐만 아니라 자신이 효능감을 확인하고 성과를 낼 수 있으며, 성장할 수 있는 조직 문화와 환경 또한 중요하게 생각한다. 그들에게 맞는 조직 문화와 환경을 제공하는 기업이라면, 그 가치는 해당 조직에 머무르는 개발자 수백 명의 연봉으로 환산할 만한 가치를 지니고 있다는 것이다.

이러한 탈출 러시는 개발자만의 사례가 아니다. 엘리트의 산실이었던 핵심 정부 부처 또한 젊은 사무관들의 조직 몰입도가 현저히 떨어지고 있고, 심지어 조직을 떠나는 사례가 점점 더 잦아지고 있다. 심지어 몇 년 전에는 핵심 정부 부처에서 일하던 밀레니얼 세대 사무관이 조직 내의 '정무적 판단'에 반기를 들고 조직을 나와 언론에 폭로하는 사건까지 벌어졌다. 젊은 세대가 생각하는 공정성과 합리성에 비추어볼 때, 관료적이고 구태적으로 일하는 방식과 의사 결정 프로세스가 점점 외면받는 상황은 앞으로 더욱 빈번해질 것이다. 사기업과 공기업 및 정부 조직을 불문하고 어느 조직이든 구성원의 변화에 귀를 기울여야 한다. 그들이 성장하고 자기 효능감을 가질 수 있는 조직과 조직 문화를 구축하는 것은 너무나 중요하고도 시급한 과제가 되고 있다.

직급 상관 없이
자신의 일에 책임을 져라

이 변화의 파고 속에서도 우리 조직들이 자율과 신뢰, 책임의 시스템을 제대로 이해하고 있는가에 대해서는 긍정적으로 답변하기 어렵

다. 오렌지라이프(구 ING생명 한국 법인, 기업가치를 높여 2021년 7월 신한
생명과 합병하였다)는 자율과 신뢰를 기반으로 작동하는 애자일 조직
도입의 대표적인 성공 사례로 알려져 있다.

애자일 조직(Agile organization)이란 앞서 언급한 유기체 조직, 네트
워크 조직의 한 유형으로서, 필요에 맞게 소규모 팀을 구성하고 팀이
E2E(End to End)로 고객 니즈에 대응할 수 있도록 한 조직 체계이다.
나는 몇 년 전 오렌지라이프 내부 관계자들뿐 아니라 외부 애자일 코
치들과 함께 모여 정기적인 학습 모임을 한 적이 있다. 하루는 오렌
지라이프에서 다른 금융권 종사자들을 초대해서 자사의 애자일 전
환 사례를 소개하는 자리를 마련했는데(이 또한 파격적이지 않은가. 자사
의 성공 비결을 경쟁사나 타 금융사들을 초대해서 설명해주다니!) 발표가 끝나
자, 모 은행의 과장급 직원이 이런 질문을 해왔다.

"저는 과장인데 왜 업무상의 책임을 져야 하는 거죠? 자율이 부여
되는 건 좋지만 임원도 오너도 아닌데 제가 책임을 져야 하는 이유를
모르겠습니다."

나는 그의 말을 듣는 순간 무언가 큰 벽 앞에 마주 선 기분과 함께
그의 마음 아래 두려움을 함께 느꼈다. 자율과 함께 책임이 주어지지
않았던 조직에서 오래 일한 사람들에게, 이런 변화는 매우 큰 두려움
일 수 있다. 자율과 신뢰의 시스템으로 변화해나가자고 아무리 외쳐
보았자 쉽게 변화하기는 어려운 이유가 바로 여기에 있다. '나는 윗사
람이 시키는 일을 하는 사람이다'라는 위계적 조직 내에서의 사고에

너무 익숙해진 나머지, 일에 있어서 권한이 주어지면 책임이 따라온다는 당연한 인식의 전환조차도 쉽지 않은 것이다.

최근 한국의 기업들이 애자일 조직을 표방하고 있는 상황이지만, 여전히 과거의 일하는 방식을 청산하지는 못한 듯하다. 특히 금융, 제조, 식품 등 보수적 산업에 속한 기업들은 표면적으로는 미래를 이야기하지만, 기저 문화와 신념은 여전히 과거에 머물러 있다. 때문에 구성원들이 이것을 깨고 '자율과 신뢰의 시스템으로 운영되는 조직'을 받아들이기란 쉽지 않다.

실제로 애자일을 도입한 많은 조직에서 이런 인식 전환의 충격을 겪는다. 한 대기업 건설사에서 애자일을 도입했는데 초기에는 젊은 직원들의 반응이 매우 좋았다. 오랫동안 건설업 특유의 위계적이고 보수적인 조직 문화에 젖어 있다가, 마음이 맞는 동료와 신사업을 고민하며 빠르게 의사 결정을 하고 실행할 수 있게 되자 젊은 직원들의 반응이 달라졌다. 일단 긍정적 에너지가 발산되었고, 창의력이 발현되기 시작했다. 그런데 6개월 후 스프린트(Sprint, 단기간 집중해 수행하는 프로젝트팀의 성과 리뷰 사이클)가 끝나고 성과를 측정해야 하는 시기가 다가오자 직원들의 얼굴이 흙빛이 되어갔다. 이전 조직에서는 미처 체험하지 못했던 책임의 무게를 깨달았기 때문이다. 자율을 얻기 위해서는 그만큼의 책임이 뒤따르는 게 당연한데, 지금껏 조직에서 자율도, 책임도 제대로 경험하지 못했다는 것을 그제서야 온몸으로 이해하게 된 것이다.

방향성은 회사의 책임,
실행력은 실무자의 권한

그런데 어디까지, 어떠한 수준까지 구성원에게 자율을 허용하고 권한과 책임을 줘야 하는 것일까? 이에 대해 오렌지라이프의 정문국 전(前) 사장이 나에게 들려준 이야기는 다음과 같다.

"오렌지라이프가 애자일 조직을 시작하고 3개월 정도 지난 후, 스쿼드 직원들하고 티타임을 가졌습니다. 애자일 조직을 시작해보니 어떠냐고 물었더니, 한 친구가 이렇게 이야기하더군요. '사장님. 정말 애자일 조직으로 바뀌고 나서 화장실 갈 시간도 없이 하루가 너무 바빠요. 근데 너무 즐거워요' 이 말을 듣고, 저는 내재적 동기에 대해 가졌던 믿음이 맞았구나 하고 더욱 더 확신을 갖게 되었어요. 직원들에게 권한을 준 것이지요. 그런데, 어디까지가 권한이고 책임이냐에 대한 질문이 생겨나기 시작했어요. 그래서 고민해보았습니다. 리더들이 가지고 있던 책임을 직원들에게 다 떠넘긴다는 뜻은 절대 아니니까요.

그래서 제가 직원들에게 명확히 이야기한 것은 다음과 같아요. 방향성과 실행을 나누자. '방향성(Where to go)'에 대한 것은 경영진이 해야 할 역할이고, 그렇게 '정해진 방향성을 어떻게 실행하는지(How to go)'에 대해서는 직원들이 결정하라고 했습니다. 디지털 방식이든 아날로그 방식이든 실행법은 직원들의 결정에 맡겼지요. 실행에 대한 자율적 권한이 주어지면 내재적 동기가 충분히 발현됩니다. 큰 방향성에 대한 책임은 경영진이 지는 것이고, 실행하는 법에 대한 책임은 직원들이 지는 것이에요.

물론 직원들은 두려움이 있죠. 예전에는 시키는 일만 했는데 이제는 자기들에게 권한을 주고 책임을 지라 하니 부담스러운 겁니다. 제가 그래서 타운홀(CEO와 전 직원들이 참여하는 정보 공유 세션)에서 이야기했어요. 걱정하지 마라. 방향성과 전략이 잘못되어 회사가 망할 수는 있지만, 실행이 잘못되었다고 회사가 망할 일은 없다. 그러니 당신들이 마음껏 실패해도 된다. 이 이야기를 직원들에게 강조했습니다."

모든 변화는 쌍방향이다. 물론 리더와 조직, 시스템의 변화가 앞서야 한다. 그리고 이에 맞추어 개개인이 프로페셔널로서 자신의 일과 성과에 대해 책임을 질 줄 알아야 자율성도 힘을 얻는다. 이를 위해서는 개개인이 실패에 대해 두려움을 줄여야 한다. 물론 실패해서 조직을 떠날 수도 있지만, 그것도 괜찮다고 생각할 수 있어야 한다. 예전에는 한 직장에 들어가면 평생직장으로 삼고, 중도에 이탈하면 실패자로 느껴지곤 했다. 하지만 요즘은 전혀 다르다. 내가 시도한 일의 성과가 나지 않거나 개인의 발전에 도움이 되지 않으면 언제든 떠날 수 있다는 생각을 하는 이들이 많아지고 있다. 내 실패를 유연하게 받아들이고, 또한 그 기회와 내가 잘 맞지 않았다고 생각하고 다음 해야할 일로 넘어가는 것이 필요하다.

커리어의 실패와 위기가 오히려 다음 단계의 전환과 행운의 계기를 가져다준 창업자들과 인재들의 사례는 셀 수도 없다. 그러므로 익숙한 것을 경계하고 본인이 일하는 방식도 지속적으로 점검해봐야 한다. '내가 왜 책임을 져야 하지?'라는 질문 대신, '어떻게 하면 이 실패를 밑거름 삼아 조직에 기대지 않아도 당당한 프로페셔널로 성장할 수 있을까'를 고민해야 할 때다.

민첩한 조직이 되기 위해
무엇을 버릴 것인가

>>

고객의 가치를 구현하는, 자율과 신뢰에 기반한 민첩한 조직이 되기
위해서는 무엇을 버리고 가야 할까? 결국 세 가지가 관건이다.

　첫째, 관리의 층계를 줄여야 한다. 물론 전통적 조직의 관리 체계
는 과거에는 효력이 있었다. '규모의 경제' 시대에는 조직 규모를 확
대하고, 수많은 인력을 균질하게 관리하기 위해 다양한 층계를 두는
것이 효율적일 수 있었던 것이다. 하지만 지금은 플랫폼을 기반으로
고정 자산이 없어도 얼마든지 비즈니스에 뛰어들 수 있는 '탈 규모
(Unscale)의 시대'다. 불필요한 관리의 층계는 조직 내 복잡성을 가중

시키고, 소통의 속도를 더디게 만들어 결국 고객에 대한 민첩한 반응을 어렵게 한다.

둘째, 중간 관리자를 줄여야 한다. 다소 공격적으로 들릴 수 있지만 이는 인력을 구조 조정해야 한다는 의미가 아니다. 관리자로서의 역할을 줄이고 실무자이자 고숙련자로서의 역할로 전환해야 한다는 뜻이다. 즉, 역할에 대한 구조 조정을 해야 한다는 말이다. 고비용 관리자 위주의 조직 구조는 기업들의 성장에 큰 부담으로 작용할 것이다. 매일같이 회사가 성장하던 팽창 사회에서는 중간 관리자의 효용성이 분명히 존재했다. 하지만 이미 우리 사회는 수축 사회로 접어들었다. 이러한 환경에서 중간 관리자의 부가 가치는 점점 줄어들 수밖에 없다.

셋째, 무임승차자(Free rider)를 줄여야 한다. 위계적인 조직 안에서 항상 나오는 불만이 있다. 일하는 사람에게만 일이 몰린다는 것이다. 이런 상황에서 일한 사람에 대해 공정한 성과 보상이 주어지지 않으면, 조직 문화는 누구도 자발적으로 일하려 하지 않는 문화가 기준이 된다. 이를 막으려면 무임승차자가 투명하게 드러나고 강력한 피어 프레셔(Peer pressure), 즉 동료 사이의 압박이 작동해야 한다. 무임승차자에 대한 단순한 징계를 말하는 것이 아니다. 지금까지 일하지 않았던 사람들을 일하는 사람으로 바꾸어놓을 수 있는 조직 구조와 문화, 제도의 변화가 우선되어야 한다.

조직 내 관리의
충계를 줄여라

복잡한 위계 조직은 시간과 돈을 낭비한다

층층이 관리의 층계가 존재하는 위계 조직의 가장 큰 문제를 꼽으라고 한다면 무엇보다 조직 내부의 복잡성을 이야기할 수 있다.

위계 조직에서 나타나는 복잡성은 비본질적 업무에 시간과 자원을 쓰면서 기회 비용을 낭비하는 원인이 된다. 전통적인 우리 기업 조직의 의사 결정 과정은 직급 체계에 따른 승인 절차를 거친다. 위계 조직에서 계층은 층층이 존재하고, 이에 따른 계층별 협업 부서와 담당자 수도 늘어나게 되어 있다. 따라서 아주 작은 의사 결정도 결론을 내려면 수차례의 보고와 보고서 수정, 협의 미팅을 거쳐야 한다. 게다가 유관 부서와의 협업은 상호 시너지를 내는 형태가 아니라 소모전에 가깝다. 여러 사업부의 입맛에 맞는 보고서를 수없이 만들면서 조율하는 데 시간을 쓰고 부서장들의 결재를 위해 기안을 반복해서 올린다. 사내 합의와 조율에 너무 많은 시간과 에너지를 쓰고 있는 것이다.

또한 조직 간 위계 내에서의 경쟁과 견제가 당연시되므로, 각 조직이 존재해야 할 원인을 불필요한 일을 통해 찾거나 책임을 서로 나누기 위한 업무에 집중한다. 이는 불필요한 프로세스, 승인 단계, 절차와 형식을 강조하며 복잡성을 더욱 가중시키는 결과를 가져온다.

얼마 전 대기업 중 한 곳에서 '조직 복잡성'에 대한 진단과 컨설팅 프로젝트를 수행했는데, 그 결과는 매우 충격적이었다. 전체 구성원 중 30% 이상이 자신의 업무시간 중 3분의 1가량을 불필요한 업무, 또는 복잡한 프로세스로 인한 업무에 낭비하고 있다고 답했다. 본인의 업무 시간 중 50% 이상을 불필요한 업무에 소모하고 있다는 대답도 구성원의 5%에 달했다. 이를 노동 시간으로 환산하면 한 해에 무려 7백만 시간, 인건비로 따지면 약 2,000억 원의 비용이 공중으로 사라지고 있었다. 실로 어마어마한 낭비다.

이러한 복잡성은 해를 거듭할수록 더욱 심해져 눈덩이처럼 불어나는 양상을 보인다. 보스턴컨설팅그룹이 미국 및 유럽에서 100여 개의 상장 기업을 대상으로 과거부터 현재까지의 복잡성 현황을 추적 관찰했다. 그 결과 기업의 복잡성은 해마다 평균 6.7%씩 꾸준히 증가했으며, 50년 전과 비교하면 거의 35배 수준으로 더 복잡해진 것으로 나타났다.

이러한 복잡성은 조직에 거대한 해악을 미친다. 첫 번째 해악은 시간과 자원의 낭비다. 다시 말해 본질적 가치를 창출하지 못하는 비본질적 업무에 시간과 자원을 남용하면서 기회비용을 낭비하는 것이다. 복잡성의 두 번째 해악은 직원들의 조직에 대한 만족도와 업무 동기를 저하시키는 것이다. 구성원들은 조직에 합류한 후 시간이 지나면서 자신들의 아이디어가 조직 내에서 어떻게 벽에 부딪히는지, 그리고 조직의 복잡성이 시스템의 개선을 얼마나 어렵게 만드는지 절실히 경험한다. 그러면서 점차 좌절하고 무력감에 빠지게 된다. 이는 좀 더 은밀하고 측정하기 어렵지만, 보다 강력한 영향을 미치는 요인이다. 복잡성의 마지막 해악이자 가장 큰 해악은, 고객과 시장에 대한 적시 대응과 경쟁력 하락이다. 이런 조직에서는 구성원들이 내부적인 회의와 보고를 수없이 반복하는 복잡성 속에서 '나는 너무 열심히 일하고 있다'고 착각한다. 아이러니하게도 그런 착각 속에서 바쁘게 일하는 동안 회사와 사업의 본질적 경쟁력을 고민할 수 있는 시간과 자원은 낭비되고 만다.

고객과 시장의 변화, 외부 환경을 능동적으로 감지하기 위해 기업들은 무엇을 해야 할지 치열한 고민 중이다. 그런데 고민의 포인트가 잘못된 것은 아닐까 하는 생각이 들 때가 있다. 고객의 니즈와 외부 환경을 능동적으로 감지하기 위해서는 무엇을 할 것인지보다 '무엇을 하지 않을 것인지'가 중요하다. 이미 우리의 조직은 관리와 통제를 위해 과하게 많은 일들을 하고 있다.

몇 년 전, 한 국내 대기업에서는 '근무 기강 해이'를 이유로, 출입 카드에 기록된 시간을 가지고 구성원의 업무 시간을 통제하기 시작했다. 그러자 점심시간이 시작되는 열두 시 이전에 출입구 앞에 직원들이 긴 줄을 서기 시작했다. 직원들은 엘리베이터가 밀리는 시간을 피하려고 미리 내려와 10분 이상 기다리다가, 열두 시가 되자마자 '출발 신호를 들은 경주마처럼' 튀어 나갔다. 1분이라도 먼저 나가거나 늦게 돌아올 경우 인사팀으로부터 경고 메일을 받기 때문이다. 긴 줄 속에서 직원들은 마음속으로 어떤 생각을 했을까. 인사팀은 시간을 어긴 직원들을 찾기 위해 얼마나 많은 시간을 허비했을까.

반대의 사례도 있다. 카카오는 2018년 10월, 완전 선택 근무 시간제를 시행하면서 판교 본사에서 근무하는 2천여 명의 직원에 대해 어떻게 근무 시간을 준수하게 할 것인가를 치열하게 고민했다. 앞선 대기업 사례처럼 출입 카드 기록을 가지고 근무 시간을 통제하자는 의견도 있었다고 한다. 그러나 결국 '아무것도 하지 않는 것'을 택했다. 그저 '조직과 동료를 위해 가장 나은 판단과 행동을 하기 위해 최선을 다해줄 것'만을 주문했다고 한다. 과연 어떻게 되었을까? 놀랍게도 아무 문제도 일어나지 않았다. 업무 시간이 줄어들지도, 업무의 질이 떨어지지도 않았다. 오히려 참여자의 80% 이상이 시간을 효율적으로 관리할 수 있어서 업무에 대한 몰입도가 늘어났다고 밝혔다. 카카오가 만약 2천 여명의 직원들을 통제하려고 했다면 어땠을까? 누가 시간을 어기는지 임직원의 출입 카드 데이터를 분석하는 전담 인력이 필요했을 것이고, 결과를 가지고 일일이 부서마다 경고 메일을 쓰느라 더 많은 시간이 필요했을 것이다. 통제의 감시망을 피해 편법을 쓰는 직원들을 가려내느라 너무나 많은 인력과 시간이 낭비되었을 것이다.

불필요한 일을 과감히 줄여나가야 한다. 비워야 채울 수 있는 법이다. 통제와 관리를 위한 일들을 먼저 '청소'해야 공간이 생긴다. 그렇게 여유가 생기면 능동적 환경을 유지하면서도 혁신의 아이디어가 성장하는 토양이 만들어질 수 있다.

직급과 승진은 꼭 필요한 시스템인가

이러한 복잡성의 문제를 수십 년간 겪어온 기업들은 최근 직급 체계를 과감하게 줄이는 모양새다. 이미 삼성, 현대자동차, LG, SK등 대표적인 대기업들을 필두로 많은 기업들이 구성원뿐만 아니라 임원의 직급 체계를 과감히 줄여왔다.

삼성그룹 계열사 등은 16년 이후 조직 내 호칭을 '님' 또는 '프로' 등으로 통일하고 5단계 직급 체계를 4단계로 줄였다. 현대기아차도 19년 기존 6단계의 직급 체계를 4단계로 줄이고 호칭은 매니저와 책임 매니저로 단순화했다. LG그룹 계열사들도 16년 이후 5단계 직급 체계를 3단계로 단순화해왔다. SK그룹의 주요 계열사들은 이미 10여 년 전부터 매니저로 호칭 통일을 해왔지만, 계속해서 직급 단계도 줄이고 직급별 체류 연한을 없앴다. 그뿐 아니라 임원의 경우 아예 직책만 남기고 직급은 부사장으로 통일해버리는 조치를 취했다.

그런데 이러한 직급 체계 단순화에 대한 회의적 목소리도 들린다. 금전적 보상을 파격적으로 해주기도 어려운 저성장 모드 속에서, 직급마저 없앤다면 조직이 구성원에게 동기를 부여할 수 있는 수단이 더욱더 제한된다는 지적이다. 결국 구성원의 불만과 정체를 가져오게 된다는 것이 주요한 논지다.

아주 일리가 없는 이야기는 아니다. 하지만 이런 논리로 움직이는 기업들을 관찰해본 결과, 그런 관점이 오히려 조직의 성장성과 조직 문화에 한계점을 만들기도 한다는 것을 알 수 있었다. 비전과 성장의 그림이 확실하고, 자신감이 있는 조직은 승진에 연연하지 않는다. 승진에 연연하는 조직은 불투명한 성장에 대한 불안감을 구성원에 대한 위계와 승진으로 대응하려는 경향이 높았다. 이들 대부분은 다른 기업처럼 직급을 줄인다 해도 결국에는 비공식적인 층계를 만들어서 일한다. 몇 년 그렇게 일하다가 '승진이 없으면 동기 부여도 어렵다'는 설명과 함께 다시 슬그머니 예전의 직급 체계로 돌려놓는다.

윗사람이 시키는 일만 하는 조직에서는 일 자체로 성취감이나 동기 부여를 얻을 수 없기에 직원들이 승진이나 그에 따른 사소한 복리 후생에만 집착하는 결과를 낳는다. 구성원이 승진과 보상에 따라서만 움직인다고 생각하는 조직에는, 딱 그런 생각에 맞게 행동하는 구성원들만 남게 되거나 그렇지 않은 사람들조차 그렇게 변하는 문제가 생긴다.

관리의 층계를 줄인다는 것은 승진의 소멸을 의미한다. 이제는 내재적 동기의 시대다. 오랫동안 조직에서 구성원을 외재적 동기, 즉 직급 승진과 금전적 보상 또는 통제와 질책 등을 통해 이끌어왔던 과거 패러다임에서 벗어나야 한다. 이 변화는 생각보다 빠르게 확산되고 있는 듯하다. 조직에서 직급과 중간 관리자의 역할이 가지는 가치가 점점 줄어들고 있기 때문이다.

네덜란드에 본사를 두고 있는 ING소매은행은 2015년 여름, 3,500여 명의 본사 인원을 모두 암스테르담의 한 축구 경기장에 모이게 했다. 그들은 상당히 파격적인 방식으로 조직에 변화의 바람을 불어넣었다. 당시 경기장에 모인 직원들은 느닷없이 "당신들 모두 다 해고됐어"라는 말을 들었으며, 그 다음 주에 구성원들은 완전히 달라진 조직으로 재배치되어 출근하라는 이야기를 들었다. 회사는 이미 6개월 전부터 이러한 '빅뱅(Big bang)' 방식의 조직 구조 혁신을 고민해왔고, 면밀한 준비 과정을 거쳐 과감한 선택을 한 것이다.

실제로, 구성원들이 다시 출근했을 때 그들은 이전과는 완전히 다른 형태의 조직으로 재배치되거나 역할이 바뀌어 있었다. 조직의 직급 체계는 완전히 사라져 리더와 실무자 직급으로만 나뉘었다. 그리고 조직의 단위는 '트라이브(Tribe)'와 '스쿼드(Squad)'로 불리는, 수평적 애자일 조직 형태로 바뀌어 있었다. 일대 혁신이었다. 그러한 변화 속에서 가장 크게 반발한 사람들은 누구였을까?

바로 중간 관리자들이었다. 대부분의 중간 관리자들은 위계와 직급이 사라지면서 실무자의 역할을 할 것을 요구받았다. 그들에게 이러한 조치는 너무나 고통스러운 변화였다. 관리자로서 지내면서 실무에 대한 감을 놓은 지 오래일 뿐만 아니라, 경영진으로의 승진을 기대하고 있었을 터였다. 그런데 어렵게 올라왔던 사다리들이 모두 사라지고 다시 실무자로서 일을 시작해야 했으니 충격과 고통이 클 수밖에 없었다. 그들은 변화에 격렬히 저항하면서 조직이 다시 과거로 돌아갈 것이라고 생각했다.

하지만 1년 반 뒤 ING소매은행은 놀라운 변화를 마주하게 된다. 변화를 마주하며 가장 크게 저항했던 중간 관리자들이, 오히려 1년 반 뒤에는 이 변화에 대해 가장 큰 지지자들이 되어 있었다. 그들이 이렇게 돌변하게 된 이유는 무엇이었을까? 여기에는 크게 두 가지 이유가 있었다.

첫째, 조직에서 전문가로 대접을 받게 된 것이다. 이전에는 중간 관리자들의 역할은 실무보다는 다른 사람들의 업무를 관리하는 역할에 그쳤다. 하지만 모두가 실무를 하게 되면서, 오히려 10여 년 이상의 경험을 가진 인력들인 중간 관리자들은 전문가 대접을 받으며 여러 조직의 부름을 받았다. 다양한 경험을 통해 성과 창출에 기여를 하는 등 조직 내 자기 효능감도 커졌다. 두 번째 이유는 중간 관리자로 있던 과거에조차 의사 결정 권한이 크지 않았던 것과 달리, 새로운 애자일 조직에서는 의사 결정과 실행에 대한 권한을 갖게 되었다는 점이다. 이들은 일과 조직 몰입에 대한 완전히 다른 경험을 하게 되었으며, 그것이 이 변화를 지지하게 된 가장 큰 이유라고 이야기했다. ING소매은행은 왜 이런 변화를 단행했을까? 그리고, 한국에서도 이런 변화가 필요할까?

국내 기업 인사 담당자들이 꼽은 '가장 중요한 HR이슈'는 현 시대의 고민을 여실히 반영하고 있다. 그들은 '최저 임금 인상에 따른 대응' 다음으로 '노령화와 인구 절벽으로 인한 인력 부족'을 중요한 이슈로 꼽았다. 기업 내에서도 젊은 인력이 줄어들고 노년 인력은 적체됨으로써 나타나는 생산성 저하가 갈수록 심각해지고 있다. 그런데 이는 노령화 시대의 문제로만 봐서는 안 된다. '왜 고령 인력이 저생산성을 유발하는 인력으로 남아 있는가?'에 대한 본질적인 질문부터 해야 한다. 이 문제는 노령화 시대 이전부터 누적되어온 낮은 생산성의 조직 구조 및 운영의 문제가 노령화와 맞물려 극대화된 현상이라고 볼 수 있다.

과거 조직에서 중간 관리자들은 현장과 실무를 들여다보기보다 관리자로서의 역량을 키우는 데 집중했다. 실무를 하기보다는 관리자로서 승진하는 것이 우대받았기 때문이다. 물론 조직이 무서운 속도로 성장하던 시대에는 패스트 팔로어로서 정해진 의사 결정을 실행에 옮기는 것이 기업에게 중요했다. 이런 상황에서는 시스템을 마련하고 컨트롤하는 '관리자 역할'이 중요했고 이들이 낳는 부가 가치도 매우 컸다. 하지만 요즘처럼 비선형적이고 예측이 불가능한 환경에서 통제와 관리 능력이 조직에 가져올 수 있는 부가 가치는 현저히 줄어들었다.

조직에서 중간 관리자가 기여할 수 있는 효용 측면에서도 변화가 있지만, 실제 중간 관리자들의 인식도 변화하고 있다. 최근 우리는 IT

산업 고객들을 대상으로 프로젝트를 진행하다가 흥미로운 점을 발견했다. 국내에 IT 관련 산업이 태동하고 성장해온 지도 수십 년이 지났기 때문에 조직 내 개발자들도 50~60대를 넘어서는 고연령자들의 비중이 매우 높아진 상황이다. 그런데 50세 이상의 연륜 있는 개발자들을 인터뷰하다 보니, 그들 중 상당수가 스스로 관리자로서의 승진 체계를 따르지 않고 실무자이자 개발자로 남기를 원한다는 점을 깨달았다. 코드를 만지거나 새로운 언어를 배우고 프로젝트를 하는 것이 재미있고, 사람을 관리하거나 리더의 역할을 하는 것에는 관심이 크지 않다는 것이다. 그런데 문제는, 많은 조직에서 그들을 '관리자가 아닌 상태로 둘 뿐' 공식적인 커리어 경로와 옵션을 제도적으로 지원하고 있지 않고 있다는 점이다. 그 결과 고연령 엔지니어들은 승진을 위해 요구받는 관리자로서의 역할과 자신이 몰입하기를 원하는 업무 사이에서 고뇌하고 있었다. 중간 관리자들의 수를 줄이거나, 중간 관리자들을 모두 집으로 돌려보내야 한다는 위험한 이야기를 하는 것이 아니다. 관리자로서의 역할을 축소하고 실무자이자 고숙련자로서의 역할 비중을 늘려야 한다는 의미다. 그렇다면 중간 관리자들의 역할은 어떻게 바뀌어가야 할까?

앞으로 이들은 마치 야구에 있어서 플레잉 코치와 같은 역할을 해야 한다. 플레잉 코치는 자기도 선수로 뛰면서 함께 뛰는 동료들을 코칭하는 역할을 맡는다. 즉, 앞으로는 관리자들도 실무를 하면서 동료들의 성장을 도와주는 서포터로서 역할을 전환할 때 비로소 자신뿐 아니라 조직도 성장할 수 있다는 이야기다. 통제하고 명령하는 관리자가 아니라, 조직원들이 성장할 수 있도록 씨를 뿌려주고 물을 주는 조력자로 변모해야 한다. 앞서 언급했던 ING소매은행의 사례에서처럼, 사람은 누구나 자신만의 가치와 효용을 인정받길 원하고, 새로운 창조물을 만들면서 강렬한 희열을 느낀다. 이는 관리자이든, 직원이든 모두 동일하다. 커다란 기계 속에서 기계를 작동하게 하는 중간 부품으로서의 역할은 여기까지다. 내가 이 조직과 함께 운명을 거두지 않으려면, 나의 전문성과 성장을 관리자 역할에 가두지 않아야 한다.

무임승차자가 생겨나는 환경을 버려라

월급 루팡이 생겨나는 환경

몇 년 전 모 항공사 오너 집안의 갑질이 사회적으로 이슈가 되었을 때 관련 기사를 유심히 본 적이 있다. 그런데 기사만큼이나 인상적인 댓글이 있었다. '나는 저 사람의 정신세계에는 관심 없고, 내 옆자리에서 하루 종일 월급 루팡하고 있는 사람의 정신세계가 더 궁금하다'라는 글이었다. 참고로, '월급 루팡'은 회사에서 하는 일 없이 월급만 축내는 직원을 일컫는 요즘 세대 용어다. 덕분에 우리 조직 곳곳에 숨어 있는 무임승차자에 대해 요즘 세대 직원들이 얼마나 예민한지를 잘 알 수 있었다.

한국 기업들의 조직 문화 이슈를 언급할 때 매번 빠지지 않고 등장하는 것이 바로 불공정한 성과 평가의 문제다. 기능별로 팀을 나누고 팀장으로부터 일을 나누어 받는 시스템이다 보니, 일을 잘하는 사람한테만 일이 몰린다는 문제는 매번 단골로 등장하는 이야기다. 일을 잘해서 1년 동안 열심히 일했는데 팀장이 연말에 불러서 '미안하다'고 한다. 이유는 모두가 예상했던 대로다. '연차가 오래된 김 대리가 이번에 과장으로 승진할 차례니까 양보하라'는 것이다. 내년에는 승진 차례이니 꼭 S등급을 주겠다는 말과 함께. 이렇게 아직도 많은 기업에서는 승진 순서를 정해놓고 성과를 나누어 갖는 관습이 남아 있다. 업무의 분배도, 성과 평가도 공정성을 갖기 어렵다 보니 이런 조직에서는 일을 제대로 하지 않고도 월급을 받아가는 월급 루팡이 생겨난다. 즉 무임승차자인 '프리 라이더'들이 생겨나 조직 곳곳에 숨어서 성과를 갉아먹게 된다.

그래서 최근 많은 조직들은 이렇게 같은 기능을 하는 사람들을 팀으로 묶은 기능 조직을 지양하고, 구체적인 프로젝트 목표에 따라 협업해야 하는 다기능(Cross-functional) 조직으로 조직을 구성하려고 한다. 이러한 조직에 속하면 스스로 자기 몫의 일을 찾아서 해내야 한다. 구성원 각각 제 역할이 있고, 해당 전문 분야의 인력은 자기 혼자이거나 최대 두 명 정도에 불과하다. 따라서 한 사람이라도 업무를 소홀히 하면 팀의 프로젝트가 한 발짝도 앞으로 움직이지 않는다. 즉,

본인이 일하지 않으면 함께 일하는 동료들에게 영향을 주게 되어 동료로부터 강력한 압박, 피어 프레셔를 받는 상황에 놓이는 것이다.

이런 상황에서는 무임승차자들이 더 이상 버틸 수가 없다. 특히 프로젝트 단위로 생성되는 조직들은 대부분 짧은 주기로 성과를 만들고 흩어지거나 더 확대되기 때문에 조직 구성원 간에 서로 끊임없이 피드백을 주고받는다. 그런데 자신의 일에 대해서 제대로 된 평가를 받지 못한다면 다음 번 조직화에서는 다른 팀원으로부터 함께 일하자는 제의를 받지 못한다. 결국 조직 안에서 잉여 인력으로 남을 수밖에 없다. 이전 조직에서는 위계와 관리의 그늘에 숨어 있던 프리 라이더들이 햇볕 아래서 적나라하게 드러나게 되는 것이다.

한 가지 덧붙이자면, 꼭 다기능 조직으로 구성되어야 이러한 환경이 가능한 것은 아니다. 유사한 업무를 하는 구성원으로 이루어진 기존 팀제라고 하더라도, 본인의 업무와 팀의 업무를 시각화하고 공유하는 것만으로도 프리 라이더들을 대폭 줄일 수 있다. 우리의 하루를 솔직하게 떠올려 보자. 아침에 출근하면 인사하고, 팀장으로부터 부여받은 업무를 책상 앞에 앉아 혼자 해내면서 또 다른 일이 나에게 떨어지지 않을까 전전긍긍한다. 그럼에도 정작 누가 무슨 일을 언제까지 해야 하는지, 일은 어떻게 진행되고 있으며 어떤 도움이 필요한지에 대해서 터놓고 이야기하는 조직은 많지 않다. 조직도상 이름만 팀일 뿐 '진짜 팀'으로 일하고 있지 못한 경우가 너무도 많다.

한 팀 내의 팀원들에게 각자 하고 있는 일과 진행 상황을 솔직히 써

내보라고 하면 제대로 써내지 못하는 직원들이 많다. 왜냐하면 진행 중인 업무가 딱히 없거나, 제대로 진척되지 못하고 있다는 사실이 외부적으로 드러날까 봐 두렵기 때문이다. 특히 관료적 조직 문화를 가진 기업에서 일하는 팀장들의 경우, 팀원들에게 나누어준 업무의 관리 이외에 본인의 업무가 없다고 표시하는 사람들도 있다. 관리자로서 해야 할 차별적 역할을 수행하지 못한 채, 업무를 나눠주고 취합하는 것으로만 본인의 역할을 한정하는 실망스러운 모습이다. 결국 무임승차자는 상호 업무를 공유하지 않고 소통하지 않으면서, 성과 평가 때에만 '우리가 남이가?'를 외치는 '가짜 팀'에서 발생한다.

수평 조직은 가장 강력한 성과 조직

우리는 흔히 수평적 조직 문화에 대해 언급할 때 'MZ세대가 즐겁게 일할 수 있는 환경'을 떠올린다. 자유로운 분위기와 반바지 반팔의 캐주얼한 복장, 컬러풀하고 편리한 사무 환경, 넘쳐나는 복지 등등. 심지어 수평적 조직을 만들어야 하는 이유를 MZ세대에 대한 시혜적인 조치라고 잘못 생각하는 경영자들도 있다. 천만의 말씀이다.

앞서 이야기한 것처럼 수평 조직, 즉 위계가 없는 조직에서 개개인의 성과와 퍼포먼스는 여실히 수면 위로 드러나게 되어 있다. 구글을 자유로운 근무 형태와 놀라운 복지가 있는 회사 정도로 판단해서는 안 된다. 그 이면에는 강력한 성과 중심의 조직 문화가 존재한다. 그조직원들이 갖는 책임의 수준과 성과에 대한 압박과 기대치는 상상을 초월한다.

국내 최초로 핀테크 유니콘 반열에 오른 토스도 마찬가지다. 2020년 말 기준, 누적 가입자 1,800만 명을 돌파하고 글로벌 투자사로부터 약 6,300억 원의 투자를 유치하는 등 놀라운 성과를 이어나가고 있는 비결은 바로 자율과 책임을 강조하는 조직 문화에 있다. 토스에는 직급과 직위가 없고 오직 역할만 있으며 구성원에게는 완전한 자율과 책임을 부여한다. 그런데 외부적으로는 파격적일 정도로 자유롭고 수평적인 조직이지만, 동료간 솔직하고 가감 없는 피드백을 주고받는 문화로도 유명하다. 이러한 동료 피드백 제도는 조직의 구성원이 뛰어난 업무 역량과 높은 기준, 도덕성을 가졌다는 신뢰가 전제되어야 가능하다.

일례로, 토스에서는 휴가일 수를 제한하지 않는다. 또한 직급에 상관없이 직원 전원에게 법인카드를 나눠준다. 사용처에 대한 금액 한도도 없다. 회사의 성과 현황 및 주요 경영 지표의 등락 등 회사가 가지고 있는 정보는 직책에 상관없이 모든 구성원들에게 투명하게 공유되고 있다. 스스로 판단하고 행동하게 하는 것이다.

이에 더해 토스의 이승건 대표가 생각하는 토스 문화의 가장 큰 차별성은 바로 권한 위임에 있다. 토스는 일부에게만 권한이 집중되는 수직적 문화가 아닌 각 팀원이 각자의 업무에 대해서는 최종 의사 결정 권한을 가지는 DRI(Directly Responsible Individual의 약자) 문화를 기반으로 한다.

국내외 유수의 기업들을 거쳤지만 실망하다가 토스에 경력직으로 입사한 후 전혀 다른 근무 방식을 접하게 되었다는 한 직원은 다음과 같은 이야기를 들려주었다.

"예전 조직에서는 제가 결정할 수 있는 게 없었어요. 내가 제대로 하고 있는지도 모르겠고, 동기 부여도 안 됐죠. 조직에 불만이 가득 찬 대표적인 직원이었어요. 그런데 토스에 와서 많은 것들이 달라졌습니다. 내 일에 대해 강력한 권한을 갖게 되니 책임감도 생기고, 뛰어난 역량을 가진 동료들과 일하다 보니 더 열심히 할 수밖에 없었지요. 누군가의 지시에 의해 수동적으로 일하지 않고, 자신이 할 일을 스스로 판단하고 실행할 수 있기 때문에 의미와 즐거움이 남다르다고 생각해요. 아침이 오면 출근하는 것이 즐겁고, 또 오늘 어떠한 일을 통해 고객의 경험에 변화를 줄 수 있을까 기대가 되더라니까요. 저도 제가 이렇게 변할 줄 몰랐습니다."

그저 주어진 일을 해내기 위해 밤을 새는 것과 자신의 성취를 위해서 밤을 새는 것은 완전히 다른 결과를 가져온다. 무엇보다 무임승차자가 존재하는 조직에서는 동료들 간의 건강한 압박과 동기 부여가 불가능하다. 기업이 지속적으로 성장하기 위해서 수평적 조직과 조직 문화를 확대해야 하는 이유도 여기에 있다.

독립적이고 자생적인 조직은
어떻게 일하는가

>>

앞서 이야기한 조직의 변화는 사실 모두가 알다시피, 이미 코로나 이전부터 시작되었다. 2007년 전후 디지털 플랫폼을 앞세운 혁신 기업들이 폭발적으로 성장하기 시작하면서, 국내외 기업들은 '어떻게 하면 독립적이고 자생적인 조직으로의 변화를 모색할 수 있는지'에 대해 치열하게 고민해왔다. 애자일 경영은 그 하나의 예로, 우리나라에서도 2018~2019년 경영학계에서 가장 뜨거운 키워드로 떠올랐다. 그렇다면 그후로 기업들은 애자일 담론에서 배운 대로 자율적이고 독립적인 방식으로 일하는 조직을 구축하는 데 성공해왔을까?

실상은 그렇지 못했다. 너도나도 애자일을 외치던 유행이 잦아들자 오히려 냉정한 분위기가 찾아왔다. 애자일, 무슨 이야기인지는 알겠는데 어떻게 해야 한다는 것인가? 애자일을 하면 과연 성과가 나기는 할까? 이런 막연한 의문 속에서 기업들은 애자일을 유행으로 치부하고, 자신들과는 상관없는 이야기라 생각했다. 그렇게 기존의 관성으로 돌아가려고 할 즈음 코로나19의 상황이 전개되었다. 예상치 못하게 찾아온 코로나19는 변화에 대응해 차근차근 준비해온 조직과 그렇지 못한 조직이 얼마나 다르게 움직이는지를 선명하게 대비시켰다.

코로나가 알려준 일 잘하는 조직의 비밀

코로나 직후 국내 최대 통신사 중 한 곳에서는 재택근무를 확산했다. 코로나가 좀처럼 줄어들 기미가 보이지 않자, 재택근무를 정착시키면서 조직 운영에 관한 자체 리뷰를 실시했다. 그 결과는 매우 흥미로웠다.

해당 회사는 코로나 이전부터 1년 정도 조직의 일부 본부와 팀을 애자일 조직으로 변경하여 운영해왔다. 그런데 코로나 상황에서 재택근무에 들어간 후, 애자일 조직 형태로 운영되던 조직과 기존 방식대로 운영되던 조직 간의 업무 스타일과 성과가 확연히 다르게 나타난 것이다.

기존 조직의 경우 변함없이 팀장이 팀원들에게 일을 분배한 후 일일이 지시하고 관리하는 방식을 취하고 있었다. 그런데 언택트 상황이 되자 팀장은 팀원들이 어떻게 일을 하고 있는지 제대로 파악할 수도 없고, 업무 진척도 관리를 어떠한 방식으로 해야 할지 몰라 노심초사할 수밖에 없었다. 팀원들 역시 팀장의 관리 시야를 벗어나니 업무 부담에서 벗어난 느낌이면서도, 언제 걸려올지 모르는 팀장의 지시를 기다리며 불안해하기는 마찬가지였다. 관리와 소통이 원활하지 않아 특정 업무를 해야 할지 말아야 할지 고민하는 상황이 반복되며 일의 진척도와 성과가 확연히 떨어졌다.

그런데 같은 회사 안에 있으면서도 부분적이나마 애자일에 기반하여 일하는 방식을 바꾸었던 조직은 달랐다. 코로나 이후 언택트 상황에서도 직원들의 혼돈이 적었고, 업무상의 차질을 빚지 않았다. 코로나 전에도 '데일리 스탠드 업 미팅'이라는 간단한 회의를 통해 매일 각자 팀원들의 업무와 진척도 여부를 팀원 간에 적극적으로 소통해왔기 때문이다. 달라진 건, 늘 하던 회의 그대로를 온라인으로 옮겨온 것뿐이었다. 언택트 상황에서도 팀원들은 내가 무엇을 하고 있는지, 또 일주일 동안 우리 조직이 달성해야 할 목표는 무엇이고, 업무 분담은 어떻게 이뤄지고 있는지 잘 파악하고 있었다.

어떤 팀은 실제 회의실에서 업무를 공유하기 위해 쓰던 업무 시각화(Task visualization) 보드를 팀장이 직접 집으로 가지고 와 포스트잇을 옮겨가며 소통하기도 하고, 또 다른 팀은 빠르게 그러한 기능을 온라인에서 제공하는 서비스를 도입하기도 했다. 스스로 업무를 통제하고 협업할 수 있는 환경을 조성한 팀의 조직원들은 자신이 맡은 바 업무를 제대로 수행하지 않으면 프로젝트가 다음 단계로 나갈 수 없다는 걸 알고 있기 때문에 언택트 상황에서도 최대한 각자 업무의 일정과 수준을 지키려고 노력했다. 이렇게 조직의 아웃풋에 대해 상호 합의가 되어 있고, 업무 진척도를 자유롭게 공유하는 조직은 갑작스러운 코로나 상황에 처했어도 전혀 문제가 없었던 것이다.

변화를 리드하는 조직과 외면하는 조직의 갈림길

국내 생명보험사인 오렌지라이프는 2018년 4월, 본사 직원 500명 중 200명 이상을 소규모 애자일 조직 체계로 개편했다. 업무 성격에 따라 수직적으로 구성한 직급 체계를 허물어버리고, 고객 니즈에 보다 빠르게 대응할 수 있는 조직 체계를 갖췄다. 애자일 조직은 3개 트라이브와 각 트라이브 산하에 총 18개 스쿼드 팀으로 구성되었다. 스쿼드 형태의 소규모 조직에 업무 전권을 주고 성과를 내도록 만든 팀 방식이다.

이러한 애자일 개편 이후, 2개월가량 걸리던 오렌지라이프의 신상품 개발 주기는 3~4주일로 줄어들었다. 그 결과 1인당 생산성은 늘어나면서도 구성원들의 조직 만족도와 조직 몰입도는 업계 최상위로 올라섰다. 오렌지라이프의 1인당 생산성은 증시에 상장된 12개 보험회사 중 1위, 전체 생보사 기준으로는 2위를 기록하고 있다. 그러나 오렌지라이프는 이렇게 눈으로 보이는 성과보다 더 근본적으로 빛나는 성과를 갖게 되었다. 바로 오렌지라이프의 일하는 방식을 변화시킨 것이다. 그리고 이 변화는 그들이 코로나19 불황을 헤쳐나가는 데 결정적인 공헌을 했다. 과연 애자일 혁신의 대표적 성공 사례로 꼽히는 오렌지라이프는 코로나19 상황에서 어떻게 대처했을까?

오렌지라이프의 사내 애자일 코치인 천지원 씨에 따르면 오렌지라이프가 이미 애자일로 충분히 훈련된 조직이었음에도 불구하고, 코로나19 상황 초기에는 적절한 대응 방법을 찾기란 쉽지 않았다고 한다.

"처음에는 망설임의 시기가 있었어요. 하지만 직원들 사이에서 이대로 있으면 사업 목표 달성이 어려울 것 같다는 초조함과 부담감이 심해지면서 '일단 뭐라도 할 수 있는 것부터 해보자'는 분위기로 금세 전환되었어요."

오렌지라이프의 스쿼드 조직은 분기 목표를 기준으로 상황을 고려한 유연한 운영이 가능하다. 사업적 목표를 'OKR(Objective and Key Results의 약자, 회사가 먼저 목표를 정하면 부서와 직원들이 자발적으로 자신의 목표를 설정하는 쌍방향 방식)'로 정하지만, 이를 달성하는 방법은 해당 스쿼드 구성원들에게 권한 위임이 된 조직이다. 특히 스쿼드 단위의 의사 결정은 그 규모에 맞는 리스크 관리가 가능해서 좀 더 다양한 시도를 할 수 있다.

이러한 특징을 기반으로 오렌지라이프의 일부 스쿼드들은 기존 목표와 계획에 대한 '피보팅(Pivoting, 트렌드나 바이러스 등 급속도로 변하는 외부 환경에 따라 기존 사업 아이템을 바탕으로 사업의 방향을 다른 쪽으로 전환하는 것)'을 시도하기 시작했다. 예를 들어 기존의 고객 유입 대면 행사나 세미나 활동을 온라인 중심으로 전환한다든가, 화상 회의로 영업 현장과 소통하고 설명회를 개별적으로 실시하는 등 할 수 있는 범위에서 새로운 시도를 하며 가능성을 점검하기 시작했다. 이러한 시도를 함에 있어서, 다른 기업 조직들과는 다르게 일일이 이러한 변화를 보고하고 승인받느라 시간을 허비할 필요가 없었던 것이 큰 차이를 만들어냈다. 스쿼드 구성원들은 아주 빠르게 의사 결정을 하고 바로 실행에 옮기면서 지속적으로 개선 방안을 도출했다.

물론 모든 스쿼드가 상황을 잘 헤쳐나간 것은 아니다. 일부는 사업 방향에 대해 갈등하고, 기존 계획을 고수하려는 성향도 보였지만, 명확한 목표와 적절한 권한 위임이 되어 자기 조직화된 스쿼드들은 위기 상황에서 훨씬 안정적인 조직 분위기를 유지했다. 지시를 기다리기보다는 상황을 빨리 파악해서 다양한 아이디어를 도출하고 성과 창출을 위한 제안을 하며 위기를 타파하려는 적극성을 보였다.

예기치 못한 변화가 왔을 때 어떻게 대응해야 할지 몰라 우왕좌왕

하는 조직은 목표를 달성할 수 없다. 심리적으로 안전하지 않은 조직에선, 위기 상황 속에서 목표를 현실적으로 조정해보자는 이야기를 입 밖으로 꺼내는 것조차 위험하다고 느낀다. 뿐만 아니라 그보다 더 힘든 일은 주어진 상황에서 '우리가 할 수 있는 것은 뭘까?'에 대해 솔직하게 고민하고 신속하게 다양한 실험을 하는 것이다. 그런데 이러한 추진력은 자율과 책임을 기반으로 한 조직에서만 가능하다. 천지원 코치는 오렌지라이프의 애자일 조직이 위기에 강하고 추진력이 남다른 이유에 대해 이렇게 말했다.

"스쿼드 조직 구성원들의 자기 평가가 그들이 이전 조직에 있을 때보다 더 높아요. 자부심이 높아졌다는 의미고 그만큼 일에 몰입했다는 증거이기도 하죠. 그러니 조직의 움직임도 다를 수밖에 없어요. 애자일 조직은 확실히 위기 상황에서 누구도 정답을 제시할 수 없을 때 집단 지성과 다양한 관점을 살피는 능력을 바탕으로 문제를 해결하는 데 구조적 이점이 있다고 생각합니다."

물론 조직 구성원들의 노력만으로 오늘날의 경영 환경에 민첩하게 대응할 수는 없다. 관리자의 마인드와 일하는 방식도 달라져야 할 필요가 있다. 예전처럼 일을 던져주고 결과만 받아서 평가하는 역할이 아니라, 팀원과 조직이 성장하는 데 있어 서포터 역할을 담당해야 한다. 팀원들 스스로 "이 일은 제가 할게요"라고 이야기할 수 있는 분위기를 조성하는 것이 가장 중요한 임무다. 이렇게 되면 무임승차자들까지도 변화하기 시작한다.

업무를 해나가는 가장 강력한 동기 부여는 '일이 진척되어가는 과정을 경험하는 것'이다. 팀원들이 각각 일이 제대로 되어가는 느낌을 받으면 해당 조직의 문화는 달라진다. 이러한 방식으로 일을 하는 조직과 누가 어디서 무슨 일을 하는지도 모르는 채 팀장이 나눠주는 일만을 기다리는 조직, 어느 쪽이 살아남을 수 있겠는가.

500만 원 광고가 1억 원 광고보다 더 잘 된 이유

몇 년 전 오렌지라이프는 광고 회사에 홍보 동영상을 의뢰한 적이 있었다. 억대 예산을 들인 프로젝트였는데 결과물은 그다지 임팩트가 없었다고 한다. 의사 결정의 계층이 많다 보니 여러 사람의 의견을 조율하는 과정에서 광고 기획사의 애초 의도와는 완전히 다른 결과물이 나와버렸고, 정작 고객은 시큰둥한 반응을 보인 것이다.

그런데 애자일 조직으로 변모한 후, 직원들이 자체 제작한 예산 500만 원짜리 광고가 1억 원짜리 광고보다 더 큰 반향을 불러일으켰다고 한다.

"내부 직원들이 메타(페이스북) SNS에 띄울 동영상을 만들었는데 그게 소위 '대박'이 터졌어요. 고객과 시장을 가장 잘 아는 젊은 실무자들이 광고 에이전시도 안 쓰고, 스스로 데이터를 분석하고 아이디어도 내서 기존 광고 예산의 20분의 1도 안 되는 비용으로 10배 이상의 임팩트를 만들어낸 거죠. 이렇게 직원들이 작지만 성공한 경험을 갖게 되면 또 다른 방식으로 시도할 수 있는 자신감과 추진력을 갖게 됩니다."

토스의 이승건 대표는 "애플이 혁신을 시스템으로 만드는 방법이 무엇이냐는 질문에 스티브 잡스는 '우리는 시스템을 만들지 않고, 좋은 사람을 채용한다'고 대답했다"면서 "높은 역량과 진실성을 가진 팀원을 채용해 모든 정보를 공유하고 일의 전권을 위임하는 것이 수평적이고 효율적인 조직을 만드는 방법이다"라고 말했다.

물론 제대로 된 사람을 채용하고 높은 기준을 제시하는 것은 매우 중요한 일이다. 그러나 우수한 인재들도 위계적이고 관료적인 조직 문화에 익숙해지면 본래의 야생성을 잃고 그 구멍으로 숨어 들어가게 마련이다. 반대로, 자신이 속해 있는 조직 구성원들이 무언가를 만들어내는 시도를 하고 팀의 성과를 높이려 하면, 거기 편승해서 자신의 능력과 눈높이를 맞추게 되어 있다. 즉 조직에서는 동기 부여만 잘해주면 지금보다 훨씬 더 뛰어난 역량을 발휘할 수 있는 이들이 많다. 평소 소극적으로 일하던 직원들도 새로운 시도를 할 자신감을 얻고 스스로 기회를 찾는다. 그들이 잉여 인간이라는 낙인에서 벗어나 자신의 존재가치를 만들어내는 순간, 조직은 또 다른 성장의 변곡점을 맞게 된다. 결국 모든 변화는 '사람'으로부터 시작된다.

3장

개인을
리셋시키는
뉴 프로페셔널 법칙

팀의 목표와 비전을 먼저 상상해본 사람,
그래서 자신의 비전에 동조할 수 있는
사람들을 모으고
뛰어들게 할 수 있는 사람,
무엇보다 고객의 변화에 민감하고
빠른 인사이트를 동료에게 전하여
변화를 이끌어낼 수 있는 사람이
리더가 되어야 한다.

리더로서의 역할을 하다가
또 다른 환경과 과제 앞에서는
팔로워로서의 역할을
수행할 수도 있다.

우리는 모두가 리더이자
팔로워가 될 수 있는 시대로
향하고 있다.

상사와 회사가 아닌,
고객을 만족시켜라

───────────────────────────────────── >>

"퇴사를 축하합니다."

"멋집니다. 새로운 시작을 응원합니다."

"재충전의 시기, 너무 부러워요."

최근에 MZ세대가 모이는 커뮤니티에서 자기 소개를 할 때, 누군가가 퇴사를 했다고 알리면 사방에서 축하의 박수가 쏟아진다. 기성세대에게 이런 장면은 사뭇 낯설다. 기성세대에게 퇴사는 커리어의 중단, 조직에서의 누락, 실패의 인정과 비슷한 개념이기 때문이다. 그러나 최근 MZ세대에게 퇴사나 이직에 대한 인식은 기성세대의 그것과 완전히 다르다. 그들에게 퇴사는 커리어에 있어 변화구를 던지는 중요한 맥락으로 이해되기 때문이다. 그뿐만이 아니다. 그들에게 평생직장이란 개념은 고루하기 짝이 없고, 심지어 무능력자의 그것으로 비추어진다.

'조직에 대한 충성' 보다는 '경험'이다

기업 조직의 평균 수명보다 커리어가 더 긴 시대가 왔다. 4차 산업 혁명과 디지털라이제이션의 흐름 아래, 오랜 전통 기업들은 변화의 파고를 견디지 못하고 사라지고 있으며, 1년에도 수백, 수천 개의 스타트업이 생겨났다가 사라진다. 기업의 지속 성장과 존속을 위협하는 환경의 변동성도 있지만, 새로운 시도를 쉽게 할 수 있는 환경이 마련되고 있는 점도 그러한 변화의 이유 중 하나다.

이러한 변화는 구성원들에게 어떤 의미를 갖는가? 평생직장을 중요하게 생각했던 과거에는 어떤 상황에서든 조직에 충성할 필요가 있었다. 조직과 함께 내 평생을 보내야 하므로, 나와 조직은 운명 공동체로 엮여 있었다. 지금 당장은 나의 이익이나 희망과 배치되더라도 이기적인 욕심을 버리고 조직을 위해 현재의 희생을 감수하는 것을 당연스레 여겼다. 조직에 충성심을 가지면, 언젠가는 조직이 보상해줄 것이라는 믿음이 존재했기 때문이다. 산업화 시대, 팽창 사회에서 그러한 믿음은 성장의 흐름과 맞아떨어졌다. 오래오래 한 직장에서 승진을 통해 성장하는 사람들을 성실하고 꾸준한 사람이라고 평가했다. 반면 직장을 자주 옮겨 다니는 사람들은 무엇인가 문제 있는 사람처럼 여겨졌다.

그런데 최근 이러한 편견이 빠르게 무너지고 있다. 한 직장에 충성할 필요도 없고, 기업 또한 구성원의 충성을 강요하거나 중요시 여기지 않는다. 조직 진단에서도 '직원 충성도'라는 단어는 이미 사라진 지 오래다. 대신 구성원의 몰입도나 경험을 중요하게 생각한다. 다시 말해, 구성원의 일방적 충성을 요구하기보다 이미 기업도 구성원에게 매력을 어필하고, 오래 함께 가기 위해 조직 내에서 좋은 경험과 성장을 선물해야 하는, 동등한 관계에서 구성원을 생각하고 있다는 것이다.

이러한 변화의 원인은 간단하다. 저성장 뉴 노멀 시대에서는 기업의 지속적인 성장을 보장하기 어렵고, 내외부의 다양한 변수들로 인해 회사의 운명을 가늠하기 어렵기 때문이다. 평생직장은 더 이상 존재하지 않는다. 한 직장에 뼈를 묻고 근속하는 것을 능력과 성실함으로 자부하던 것은 과거의 영광일 뿐이다.

그간 평생직장 개념을 안고 일하던 이들에게 퇴직은 사다리에서 떨어지는 것과 같은 의미였다. 승진 누락은 일종의 돌이킬 수 없는 실패로 받아들여졌다. 하지만 MZ세대에게 퇴직은 더 좋은 사다리로 갈아타는 경력 전환의 중요한 기회가 된다. 어떠한 경우엔 사다리가 아닌 정글짐에 비유되기도 한다. 아무 생각 없이 정해진 길만을 걷는 것이 아니라, 스스로 새로운 길을 탐구하고 탐색하며 올랐다가 새로운 영역으로 이동하면서는 또 잠깐 후퇴하는 등의 변화를 자유롭게 시도한다.

지름길로도 갈 수 있고, 풍경이 좋은 길로도 갈 수 있으며, 쉬었다 가기도 하고, 중간에서 멈추기도 한다. 이러한 변화 속에서 사람들은 제각기 자신이 지향하는 목표에 맞추어 자유로운 커리어 변화들을 추구하게 되었다. 그래서 자신이 원하는 커리어 경로를 위해 프로젝트 경험을 쌓으며 직장을 2~3년마다 옮겨 다닌다. 이처럼 주기적으로 커리어 퀀텀점프를 하는 사람들을 훨씬 더 능동적이고 쿨하다고 생각하는 분위기로 바뀌어 가고 있다. 조직의 수명보다 개인의 커리어 기간이 더 길어지면서 나타난 새롭고 신선한 변화다.

조직과 개인은 기브 앤 테이크 관계

2장에서 우리의 '고객'에 대해 자세히 살펴보았다. 전통적인 조직에서는 대체로 조직과 보스를 위해 일했다. 그러나 조직보다 개인의 커리어가 길어진 지금은 조직에 충성하는 것보다는 자신만의 커리어 비전을 세우고 이를 달성하기 위해 경로를 설정해나가는 것이 중요하다. 먼저 개인이 능동적으로 변화구를 던져 스스로 성장의 모멘텀을 만들어야 한다. 이를 위해 먼저 회사와 나의 관계를 재정립할 필요가 있다. 일방적 충성이나 희생이 아니라 서로가 원하는 것을 주고받을 수 있는 기브 앤 테이크 관계여야 한다.

개인은 회사에 전문성과 시간을 투여하고, 회사는 그 전문성과 시간이 좋은 프로젝트나 성장의 기회로 발현될 수 있게끔 장을 마련해주어야 하는 것이다. 그 결과 성과가 창출된다면 그것 역시 서로의 협의 조건에 따라 나눠 갖는다. 물론 이 과정에서 서로 원하는 것이 다르거나, 성과가 나지 않거나, 약속이 지켜지지 않는다면 함께해야 할 이유가 없어진다. 서로가 원하고 필요로 하는, 더 좋은 조건을 갖춘 회사와 인재를 찾아 나선다.

최근 흥미로운 일이 있었는데, 한 대기업에서 직원들을 중심으로 인센티브에 대한 불만이 공론화되어 외부까지 알려지면서 뉴스가 되었다. 사실 과거에는 인센티브의 산정에 대한 기준은 불문율에 가까웠다. 직원들은 인센티브 산정 방식에 대해서는 이해하고 있었지만, 정작 인센티브 산정의 대상이 되는 재원의 규모, 즉 인센티브 풀이 얼마나 되는지는 정확하게 알지 못했다. 결국 내 통장에 얼마가 들어오게 될지 예측하기가 쉽지 않았다는 의미다. 설사 내 예측과 다르게 실망스러운 액수가 지급되었다 해도, 이를 드러내놓고 따지기 쉽지 않았다.

그런데 이번 사태는 이전과 확연히 다른 문화를 보여주었다. 경영진이 인센티브 수준이 만족스럽지 않아 미안하다며 사과하고 넘어가려 했으나, MZ세대 직원들은 인센티브 산정의 근거를 제시할 것을 직접적으로 요구하고 나섰다. 실제로 입사 4년 차 직원이 '성과급 산정 방식을 밝히라'는 항의 이메일을 대표 포함 임직원들에게 공개적으로 보냈다고 한다.

결국 해당 회사는 기업 투자 규모 등 민감한 수치를 포함해 투명하게 공개하기 어려운 EVA(Economic Value Added, 경제적 부가 가치) 방식이 아니라, 수치가 명확히 공개되는 영업 이익률에 연동하여 인센티브를 산정하도록 기준을 변경했다. 인센티브에 대한 예측 가능성을 높여주기로 결정한 것이다. 이 사태 이후, 산업 분야를 불문하고 다른 기업들에서도 인센티브 산정 방식에 대한 이슈 제기가 줄을 이었다. 이는 공정과 실리를 중요하게 여기는 MZ세대의 특성이 고스란히 드러난 상징적 사건이다.

이처럼 개인뿐 아니라 기업들도 인재를 대하는 태도가 달라지는 추세다. 갑의 입장에서 을인 개인을 고용해 최대한 능력을 뽑아서 쓰고 소모시키던 과거와 달리, 회사와 개인의 계약 관계가 점점 대등해지고 있다. 물론 인식의 변화와 달리 현실의 변화는 아직 더딘 편이지만, 그럼에도 변화가 시작된 것만은 분명하다. 그렇다면 이런 변화의 흐름에 올라탄 기업들은 인재를 어떤 태도로 대할까?

그들은 마치 고객들 대하는 것과 비슷한 태도로 인재를 대한다. 상품이나 서비스 구매를 통한 좋은 경험이 브랜드 충성도를 높여주듯,

직원들도 조직 내에서 긍정적인 경험을 함으로써 오래 머무르게 한다는 논리다. 사실 회사 차원에서도 구성원이 자주 바뀌는 것은 업무의 연속성이 없을 뿐더러 비용이나 효율성 측면에서도 손실이 크다. 적어도 한 구성원의 평균 근속 연수가 3~4년 정도는 돼야 이런 손실을 막을 수 있다. 고객을 바라보는 관점으로 직원들을 대하는 것은 직원뿐 아니라 회사로서도 궁극에는 이익이 된다.

그래서 선도적 기업들은 어떻게 하면 직원들이 근무하는 동안 좋은 경험을 하게 만들고, 다양한 프로젝트를 통해 개인의 성장을 도울 수 있는지를 고민한다. 브랜드 충성도가 높은 고객은 굳이 다른 브랜드로 갈아타지 않는다. 혹은 다른 브랜드로 갈아탄다 해도, 그런 고객은 자발적 브랜드 홍보 대사가 된다. 회사와 직원의 관계 역시 마찬가지다.

IBM의 사례는 이러한 '직원 경험'을 아주 잘 보여준다.[1] IBM은 인사 관리 프로그램 설계 및 개발, 참여, 피드백 전 과정에 직원들을 참여시킨다. 입사 첫날, 보안 담당자와 공간 배치 담당자, 네트워크 담당자가 신입 사원들이 회사에 대한 긍정적 경험을 하고 업무를 시작할 수 있도록 돕는 것부터 시작된다. 모든 인사 관리와 관련 콘텐츠, 프로그램에 대한 평가를 마치 고객으로부터 평가를 받는 것처럼 NPS(Net Promotor Score, 순추천 고객 지수)를 받아 개선해나간다. 사용자 개인 맞춤형 프로그램 제공을 위해 IBM 왓슨 애널리틱스를 활용한다. 나아가 구성원들의 피드백에 대해 긍정, 부정, 감사, 불만 등의 감성 분석도 면밀히 검토하고 있다고 한다.

이를 통해 문제가 있는 조직, 관리가 미흡한 영역을 빠르게 알아내고 조치를 취하되, 구성원들이 피드백을 줄 수 있는 쌍방향 방식을 통해 변화에 동참시켜나가고 있다. IBM의 전(前) CHRO(최고인사책임자)인 다이앤거슨의 인터뷰 내용에서 그러한 변화의 이유를 엿볼 수 있다.

"누구든 글래스도어(Glassdoor, 우리나라의 블라인드와 같은 미국의 대표적인 직장 평가 사이트) 등을 통해 다른 직장의 조직 문화와 이슈를 들여다볼 수 있는 시대가 되었다. 부정적 평판이 밖으로 나가 인재들을 도망가게 만들기 전에 조직 내부 목소리에 귀를 기울이고 이들을 만족시키는 것이 무엇보다 중요한 과제다."

직원 경험 차원에서 이와는 조금 다른 관점을 제시하는 예시도 있다. 빠르게 성장하고 변화하는 스타트업의 경우 기업의 성장 속도와 개인이 커리어 발전 단계가 맞지 않아 부득이 이탈하는 경우도 생길 수 있다. 이에 대해 토스 이승건 대표를 만났을 때 그가 해준 말이 꽤 인상 깊다.

"한 회사에 무조건 오래 머무르는 것만이 정답이 아니라고 생각합니다. 빠른 성장과 새로운 기업 문화를 경험한 팀원들이 그 경험을 가지고 외부로 나가서, 다양한 조직에 우리가 일하는 방식을 전파한다면 그것 또한 긍정적인 영향이 아닐까요?"

기존의 기업들은 조직의 성장과 생존이 우선이었기에 개인의 희생은 필수 불가결한 것으로 여겼다. 혹은 조직에서 공을 들여 성장한 인재가 다른 곳으로 옮기는 것을 배신 행위로 취급하기도 했다. 하지만 새로운 방식으로 일하는 기업들은 구태스러운 관점에 매달리지 않는다. 기업과 구성원이 함께 일하며 긍정적인 성과를 창출하고, 그러한 성장의 경험이 다른 곳으로 전파되기를 바란다. 왜냐하면 좋은 경험과 성장의 방정식이 더 많은 곳으로 전파되어 생태계 자체가 성장하고, 건강한 선순환이 이뤄지기 때문이다.

조직이 개인의 능력을 최대한 뽑아 쓰고, 소모되면 버리는 시대는 지나갔다. 서로 대등한 관계에서 의견을 교환하고, 스테이지가 끝나면 쿨하게 안녕을 고한다. 여기엔 어떠한 미련도 아쉬움도 없다. 함께 일하며 쌓은 좋은 경험들이 또 다른 기회로 연결될 것이므로.

관리자가 될 것인가
vs 전문가가 될 것인가

〉〉〉

많은 기업들이 변화에 적응하고 생존하기 위해 스스로를 바꾸는 시도를 하고 있다. 이런 상황에서 정도의 차이는 있겠지만 대다수가 수평적 조직, 유연한 조직으로의 이동을 꾀하고 있다. 이는 불가피한 변화다. 그런데 이런 변화 속에서 리더들은 관리자로서의 포지션을 잃는다. 관리의 범위 자체가 대폭 줄어들거나 실행하는 업무를 맡게 될수도 있다. 이러한 상황에서 리더들은 의기소침해질 뿐 아니라, 오랜기간 이어온 관리자로서의 사고와 행동을 쉽게 바꾸지 못한다. '관리하고자 하는 관성'이 뿌리 깊게 박혀 있기 때문이다.

실무를 책임질 허리층이
사라진 조직

2020년 기준 우리나라 근로자의 평균 나이는 44세다. 근로자의 연령대별 분포도를 그래프로 살펴보면 역피라미드 구조가 나온다. 아주 단순하게 말해 상부에 나이 든 사람이 많이 모여 있고, 실무에서 가장 바쁘게 움직여야 할 허리층은 취약하며, 신입 사원은 한두 명 들어와 있는 구조다. 최근 대부분의 기업들이 이러한 역피라미드 또는 중간 허리가 부족한 모래시계형 조직 구조 때문에 조직 운영에 어려움을 겪고 있다.

이런 조직의 문제는 현업에서 가장 바쁘게 뛰어야 할 중간 허리층 인력이 희박하다는 점이다. 역피라미드가 심한 조직일수록 경험 있는 실무 인력들을 채용하기가 더 어렵다. 정체된 고령의 관리자 인력들이 위쪽에 켜켜이 남아 있으니 애초에 희망을 갖지 않는다. 조직에서 남아 있어봤자 승진과 발전의 가능성이 없다는 판단하에 더 나은 조건을 찾아 이탈하기 십상이다. 결국 조직에 오래 충성해온 이들은 관리자 모드를 발휘하며 실무를 안 하려 하고, 실무를 담당할 허리층은 나가고 없으니 입사한 지 얼마 안 된 2~3년 차들에게 일이 몰린다.

이렇게 되면 조직의 입장에서도 손실이 크다. 적게 일하고 돈은 많이 받는, 즉 생산성은 떨어지지만 고비용을 유발하는 관리자들만 남아 있는 형국이기 때문이다. 내가 아는 한 제조 기업의 임원이 이런 이야기를 들려준 적이 있다. 그 임원이 담당한 팀이 여러 개 있는데, 그 팀 중 몇 개는 전원이 50대라는 것이다. 팀장과 팀원이 모두 50대인데, 심지어 그중에는 한 번도 팀장을 해보지 못한 사람들도 있다는 것이다. 50대면 으레 직급을 보장해주던 시대는 지나갔는데, 여전히 과거의 고정 관념 속에 있는 50대 인력들은 팀장 한 번 달아보지 못하고 은퇴해야 하는 상황을 받아들이기 어려워한다. 회사도 마찬가지다. 일에 대한 의욕과 사기가 바닥까지 떨어진 사람들을 독려하며 일하게 만드는 것이 힘들다는 것이다.

한번은 인사 담당자들을 대상으로 한 강연에서 외국계 기업 HR담당자가 고민을 털어놓았다. 지금까지 그런 적이 없었는데, 얼마 전 처음으로 팀장 인력 몇 명을 면팀장(보직 해임) 시켰다는 것이다. 산업도, 조직도 성장이 정체돼 있다 보니 어쩔 수 없이 한 선택이라고 했다. HR담당자는 그 인력들을 위해 조직에서 무엇을 해주어야 할지를 물어왔다.

나는 잠시 생각하다가 그에게 아무것도 할 필요가 없다고 대답했다. 올해는 몇 명에 지나지 않지만, 앞으로 매년 그보다 더 많은 인력이 동일한 경험을 하게 될 것임을 상기시켜주었다. 일단 면팀장을 역할의 변경이 아닌 지위 하락으로 받아들이는 인식에서 벗어나야 한다고 말했다. 조직이 잘못된 인식을 공유하고 있다면, 변화를 건강하게 수용하기 어렵기 때문이다. 그러니 그들의 마음을 위로하는 것에 초점을 두기보다 역할 변화를 유연하게 받아들일 수 있도록 제도와 조직 내의 인식을 개선하는 것에 초점을 맞춰야 한다.

보직을 받지 못하는 50대만 실망하는 것이 아니다. 젊은 인력 또한 윗사람들이 대거 자리를 차지하고 있으니 연차가 쌓여도 더 뚫고 올라갈 자리가 없다고 느낀다. 당연히 위아래 구분할 것 없이 구성원들의 성장은 정체되고. 조직의 성장도 함께 멈춘다. 예전처럼 기업이 성장하면서 조직의 규모가 무한 확장되던 시절이라면 이야기가 다르다. 새로운 조직이 계속해서 생성되기에 경력 있는 고연차의 직원들도 그만큼 공급될 필요가 있었다. 하지만 지금 같은 저성장 시대에서 관리자의 포지션은 자연스럽게 줄어들 수밖에 없다. 나이와 연차가 많은 인력들이 정체되어 쌓이기 때문이다. 이런 문제들을 해결하고자 하는 것도 기업들이 수평적 조직을 구현하려는 현실적인 이유 중 하나다.

승진은 신분 상승이 아니라
새로운 역할 부여다

산업화 이후 현대 조직에서 승진은 '보상'과 함께 직원을 통제하고 동기 부여하는 가장 효과적인 수단이었다. 그러나 조직 구조가 변하면서 승진 제도, 승진이라는 개념 자체를 재검토해야 할 상황에 놓였다. 조직의 가치 사슬이 재편되고, 파괴적이고 변칙적인 혁신들이 진행중인 가운데 기존의 수직적, 위계적 조직이 가진 대응력은 한계를 드러냈고, 민첩성은 미래 기업이 갖추어야 할 절대 가치가 되었다. 많은 기업들이 빠른 의사 결정의 속도를 확보하기 위해 수평적 조직을 지향하고 있다. 계층, 즉 수직적 이동이 사라진 수평적 조직에서 과거형 승진 개념은 유효하지 않다. 그러나 조직에서 사람은 권한과 책임을 통해 성장한다. 물론 관리자의 타이틀을 갈아치우는 승진은 아니다. 수평적 조직에서 사람들의 승진은 '새로운 역할 부여를 통한 변화'로 그 의미가 바뀐다. 특히 고정적 조직과 정기적 조직 개편이 아니라 수시로 작은 조직이 헤쳐 모여를 반복하며 바뀌는 유기체적 조직에서는 계층 상승의 승진이 '역할 변경'이라는 관점으로 대체된다.

앞서 이야기한 것처럼 인구 구조의 변화 역시 힘을 보탠다. 인구 절벽과 고령화 사회 도래로 인해 노령 인력이 조직에 그대로 잔존하는 상황에서 젊은 인력이 차지하는 비중은 줄어들고 있다. 이러한 조직에서 '위로의 이동(Moving up)'을 의미하는 승진의 기회는 제한될 수밖에 없다. 국내에서도 이미 승진 적체 현상을 겪고 있는 기업들이 눈에 띄게 증가하는 실정이다. 이미 오래전부터 기업들이 고민해왔지만 눈에 띄는 변화가 없었던 영역이다. 하지만 최근에는 매우 보수적인 기업조차도 이 문제를 적극적으로 해결하려는 움직임을 보이고 있다. 우선 공급 중심의 호봉제 및 승격 개념의 직급 승진제를 전격 폐지하고 직책 중심으로 제도를 개편하거나, 상위 직책의 T/O가 발생하는 경우에만 승진이 가능하도록 하는 등 다양한 형태의 정책을 마련하고 있다. 더 이상 미루기 힘든 상황이 된 것이다.

리더를 정하는 방식도 이전과 다르다. 최근 많은 조직들이 팀이나 프로젝트를 리드하고 싶다는 의지, 그것을 책임지고 이끌 수 있는 능력을 중심으로 리더를 선정하고 있다. 단지 나이나 경력, 연차가 많다고 해서 리더가 되는 게 아니다. 리더 역할을 완장이자 직급, 혹은 성과의 결과라고 인식하는 순간 비교의 시스템이 발동하고 사람들은 상대적 박탈감을 느낀다. 이런 박탈감은 소모적인 경쟁심을 부추기고, 대다수의 동기 부여를 앗아갈 뿐이다.

직급이나 직책 중심이 아니라 역할 중심으로 리더와 팔로워를 구성하는 것이 필요하다. 그러면 누구든지 리더가 될 수 있고 누구든지 팔로워가 될 수 있다. 어떤 프로젝트에서는 내가 리더가 될 수도 있지만, 나와 맞지 않는 다른 프로젝트에서는 과감하게 다른 이들에게 리더 자리를 내줄 수도 있다. 리더 자리를 역할로 인식하면 훨씬 더 유연하고 쿨하게 역할을 바꿀 수 있으며, 개인도 조직도 최대의 성과를 내며 즐겁게 일할 수 있다.

물론 이러한 변화를 수용하는 것이 40대 중반 이후 인력들에게 말처럼 쉽지는 않다. 승진과 경력이 쌓여 편하게 관리자로서의 역할을 한 지 수년이 지난 상황에서 리더가 아니라 다시 팔로워가 되는 환경에 놓여야 한다. 게다가 다시 실무를 해야 한다니 불편한 변화로 여겨질 수밖에 없다. 하지만 생각해보라. 인간의 수명이 길어지고 이에 따라 정년의 기준도 점점 늘어나고 있다. 일본은 올해부터 법적 정년이

70세로 연장되었으며, 아예 정년 제한을 폐지하려는 흐름도 관찰되고 있다. UN이나 WHO의 연구 결과를 언급하며 고령화와 평균 수명 연장의 시대에 맞추어 새로운 세대 분류 기준이 제시되어야 한다는 목소리도 높다.

40대부터 전문성과 실무를 내려놓고 한 조직의 관리자로 살아가다가 50대 후반에 은퇴할 것인가? 아니면 전문성과 실무 능력을 계속 키우고, 다양한 조직에서 커리어를 쌓으며 80세까지 전문가로서 돈을 벌어 백 세 시대를 대비할 것인가? 관리자가 아닌 전문가로서의 성장을 필요로 하는 것은 시대의 흐름이며 요구다. 동시에 개인으로서 백 세 시대를 살아가는 데 필요한 자세가 되었다.

큰일을 작게 나누고
함께 일하라

〉〉

2년 전 한 기업에서 강의할 때의 일이다. 정유 화학 분야의 대기업으로 위계가 무척 강한 곳이었다. 강의 말미에 내가 "복잡계 시대에서 살아남을 수 있는 민첩한 조직을 만드는 핵심은, 실패를 빨리 허용하는 문화를 만드는 것이다"라고 말하자 다들 의아해하는 분위기였다. 그리고 강연이 끝난 후 맨 앞자리에 앉아 있던 CEO가 의문과 불만이 가득 찬 목소리로 물었다.

"실패하면 망하는데…. 실패를 하라는 말인가요? 실패를 하지 않았기에 우리가 여기까지 온 것입니다."

적극적으로
빠르게 실패하라

한 병원 병동 간호팀에서 의료 과실이 발생하는 원인을 찾기 위해 분석을 한 적이 있다. 팀을 나누고 간호의 질, 간호 협업, 효율성, 리더십 등 여러 요인들을 팀별로 분석하고 그 요인들과 의료 과실 사이의 관계를 분석했다. 그랬더니 의외의 결과가 나왔다.

전반적으로 의료 성과가 높고 리더십과 팀워크 등이 우수한 팀이 그렇지 않은 팀보다 더 많은 의료 과실이 있었던 것이다. 이 연구를 이끈 하버드대학 에이미 에드먼슨 교수는 데이터를 더욱 심화 분석했고 이런 뜻밖의 결과가 나온 이유를 발견해냈다. 의료 과실이 발생할 경우 팀워크가 낮은 팀에서는 간호사들이 팀의 비난과 질책이 두려워 과실을 숨기거나 보고하는 것을 꺼렸다. 반면 팀워크가 좋은 팀에서는 간호사들이 의료 과실을 투명하게 보고하고, 그것이 반복되지 않도록 함께 논의해왔던 것이다.[3]

여기서 알 수 있듯이 성공을 많이 거둔 집단의 특징은 실패의 경험도 많다. 더 중요한 것은 기꺼이 위험을 감수하려는 태도로 실패를 용인했고, '혹시 비난받으면 어쩌지' 하는 걱정과 부담 없이 그것을 투명하게 공유했다는 점이다. 그래야 문제점을 개선하고, 같은 실수를 반복하지 않으며, 더 나은 해결책을 찾아 성장의 발판으로 삼을 수 있다.

과거의 경영 환경에서는 리스크를 관리하고 줄이는 것이 경영자와 리더의 중요한 역량이었다. '패스트 팔로어(Fast follower)' 전략으로 성장해온 한국 기업들의 경우 새로운 시도보다는 성공한 사례를 따르거나, 실패한 사례를 피해가는 식이었다. 그것이 리스크를 줄이는 안전한 선택이었기 때문이다. 과거의 선형적 성장 시대에서는 그러한 전략이 유효했고 한국 기업들은 무난한 성공을 확보할 수 있었다. 그러나 이미 강조했듯이 이러한 경험은 최근의 복잡계 환경에서 오히려 독이 되고 있다.

실패에서 배우고
혁신으로 나아가라

—

애자일 문화를 간단히 경험해보기 위한 프로그램으로 '볼 포인트 게임'이라는 것이 있다. 일단 5~6명 정도로 구성된 팀들에게 작은 고무공을 나눠준다. 이 공이 사람들의 손을 스치면 1점이다. 최대한 많은 사람들의 손에 공이 흘러가도록 만들어서 점수를 많이 모으면 이기는 게임이다.

　게임 시작 전에 편을 나누어 한 팀에게는 15분을 통째로 준다. 다른 편의 팀에게는 2~3분 단위로 시간을 나눠서 주면서, 실험 사이 사이에 더 잘하기 위해 무엇을 변화시키면 될지 함께 고민해보도록 주문한다. 이렇게 되면 긴 시간이 주어진 팀은 대체로 어떻게 할지 생각만 하거나, 목소리가 큰 사람들이 하자는 대로 따르는 경향이 있다. 이런 팀들은 대부분 일정 점수를 넘기지 넘지 못한다. 머리로만 고민하거나 이런저런 논쟁만 하다가 마지막에 한두 번 실행해보기 때문이다. 그런데 시간을 짧게 짧게 나누어주고 중간중간 회고를 하도록 한 팀은 다르다. 2~3분 동안 대형을 다양하게 서보면서 일단 공을 굴려본다. 한 차례 실험이 끝나면 어떤 부분에 문제가 있어 실패했는지 서로 논의한 후, 그렇게 논의한 부분을 다름 회차에 적용하게 된다. 이런 과정을 거친 팀들은 다양한 방법으로 실험을 계속하면서 점수가 현격히 증가하는 경험을 하게 된다.

이 차이는 무엇일까? 머릿속으로 완벽한 플랜을 세우는 게 중요하지 않다는 의미다. 일단 실행해보고, 왜 실패했는지, 시뮬레이션처럼 되지 않은 이유는 무엇인지 원인에 대해 함께 고민하는 것이 중요하다. 시도했기에 실패를 할 수 있었고, 실패했기에 그 이유를 찾아 수정함으로써 다시는 같은 실수를 반복하지 않을 수 있다. 즉 끊임없이 실행함으로써 새로운 것을 배우는 학습 곡선, 즉 러닝 커브(Learning curve)가 생기고 승률이 올라가게 되는 것이다.

큰일을 작게
실패하는 법

애자일 전환 시 리더들은 완전한 권한의 위임을 어려워한다. 단위 조직에 어디까지 권한을 위임해야 할 것인지에 대한 고민 없이 애자일 조직을 시작하기 때문이다. 여전히 우리 기업들에서는 권한 위임이 제대로 되지 않거나, 권한 위임이 명확히 주어진 조직에서조차도 여전히 권한이 이전되지 않은 채 CEO가 모든 결정을 독점하는 일이 상당히 많다. 새롭게 시도하는 신사업마다 눈에 띄는 실적을 내지 못하고 있는 한 유통 대기업만 해도 그렇다. 불과 몇 년 전까지만 해도 5,000만 원 이상의 모든 결재를 그룹 오너가 직접 했다고 한다. 이러한 조직에서는 회장님의 허락 없이 자체적으로 비용을 집행할 수 없으니 무엇을 시도해볼 기회조차 만들기 어렵다.

애자일에서 실패가 허용되는 문화를 만들라고 할 때, 기업의 운명을 좌지우지할 수 있는 큰 리스크를 감수하라는 것이 아니다. 개별 단위에서 책임지거나 시도해봄직한 결정들은 단위 조직에서 권한을 가지도록 해야 한다는 뜻이다. 빠르게 변화하는 시장과 고객의 니즈를 읽고 대응해야 하는 상황에서, 일일이 의사 결정 단계를 밟다 보면 타이밍을 놓치기 십상이다. 거기다 수십 년 쌓아온 CEO의 직관과 경험이 더 이상 통하지 않는 비선형적 시대이지 않은가. 그러니 CEO에게 회사의 운명을 좌지우지할 의사 결정을 모조리 맡기지 말고, 의사 결정의 단위를 쪼개자는 것이다.

예를 들어 CEO 혼자서 100만큼의 중요도를 갖는 운영에 대한 결정을 했다면, 이것들을 잘게 쪼개서 단위 조직들에게 10씩 나눠주면 된다. 그러면 고객과 시장에 무엇보다 가까운 실무자들이 비교적 빠르게 실험해보고, 성패를 가늠할 수 있다. 이렇게 작은 단위의 일에 한두 팀이 실패를 한다고 해도 전체 조직에는 큰 피해가 가지 않는다. 중요한 것은 큰일을 작게 나누고, 발 빠르게 실행하는 것이다. 다시 말해, 큰일을 크게 실패하는 게 아니라 작은 일들을 빨리 실패하게 만드는 문화를 조성하는 것이 가장 중요하다. 작은 실패들은 시행착오의 결과를 빠르게 복구하고 바로잡는 게 가능하기 때문이다.

빠른 실패를 허용하는 문화, 우리가 구현하려는 미래의 조직들이 배워야 할 핵심 포인트가 여기에 있다. 실패의 데미지가 크지 않느냐 반문할 수도 있지만, 그러한 실패를 빠르게 만회하고 그 다음 단계의 실험이 가능하도록 하는 산업의 인프라(Infrastructure의 줄임말, 생산이나 생활의 기반을 형성하는 중요한 구조물) 기반들이 함께 진화하고 있다. 디지털라이제이션과 머신러닝 등의 발전이 그러하고, 모험 자본의 증가가 그러하다. 아날로그 시절에는 그 모든 과정에 시간도 에너지도 많이 들었고, 실패할 경우 손실도 컸다. 하지만 디지털 기반 위에서 기업은 시간과 에너지를 최소화하여 가벼운 시도들을 실험할 수 있고, 고객의 반응에 따라 문제와 업그레이드된 대안을 신속하게 마련할 수 있다.

리더의 직관보다
실행자의 경험을 믿어라

—

오랜 성공 경험이 쌓인 리더들 중에서는 '나는 다 안다, 다 해봤다'라는 자기 확신의 함정에 빠져 일을 추진하는 리더들이 많다. 이러한 이들이야말로 앞으로의 경영 환경에서 가장 위험한 사람들이다. 복잡계 경영 환경에서 필요한 것은 과정을 탐구하는 마음가짐이며, 과정상의 불안을 수용할 수 있어야 한다. '나를 따르라'며 독단적이고 권위적인 리더십을 고수할 게 아니라 '나도 모르니 우리 같이 찾아 나서자'라는 파트너십과 성장의 마인드를 갖추어야 한다.

권한과 책임을 위임하고 실험하게 하라

이와 관련하여 현대백화점그룹의 실험이 인상적이다. 현대백화점은 2019년 무역센터점 및 판교점을 비롯, 전국 14개 점포에 '크리에이티브 존'을 운영하기 시작했다. 크리에이티브 존은 대리 이하 주니어급 직원들에게 매장의 운영 권한을 위임한 것이다. 매장에서 일하는 주니어급 직원들이 다양한 아이디어를 발산할 수 있는 공간을 만들어 브랜드와 서비스를 자유롭게 실험해보도록 하는, 일종의 연구 개발형 매장인 셈이다. 통상 백화점의 사원, 대리 직급은 매장 관리 및 고객 응대 등의 업무를 담당하고, 백화점 내 영업 공간에 들어서는 브랜드의 유치 및 계약 관련 업무는 대부분 백화점 본사 바이어들이 담당하고 있다. 그런데 크리에이티브 존에서는 젊은 직원들이 스스로 매장의 브랜드 유치와 운영을 전적으로 맡아, 자신이 발굴한 콘텐츠를 자율적으로 선보일 수 있도록 했다. 그 결과, 2019년 한 해 동안 이들이 직접 발굴해 운영한 브랜드 행사만 147건에 달했다고 한다. 유행에 민감한 젊은 직원들이 자신의 라이프스타일을 통해 접하게 된 힙한 상품 서비스들을 소개하고 이를 비즈니스로 만들어나갈 수 있는 경험을 회사가 지원하는 장을 마련해준 셈이다. 고객의 니즈를 가장 잘 이해할 수 있는 이들이 젊은 직원들임을 인정하고 신뢰할 수 있었기에 가능한 시도였을 것이다.

다양한 직무의 사람들이 함께 일하는 조직 문화

젊은 세대와 함께 일하는 것뿐만 아니라, 다양한 직무의 사람들이 함께 어우러져 자연스럽게 일하도록 만드는 것도 앞으로 조직에게 매우 필요한 변화다. 위계적인 조직 속에서는 조직 간 사일로, 즉 조직 부서들이 서로 다른 부서와 담을 쌓고 내부 이익만을 추구하는 현상이 생기고, 이로 인해 사람들은 자신의 조직을 벗어나 다른 이들과 함께 일하는 것을 불편하게 생각했다. 어떻게 하면 자신의 팀이 책임을 지지 않도록 할까, 어떻게 하면 일을 처낼 수 있을까에만 골몰하게 만든 것이다.

책임을 지지 않으려 서로 떠넘기기를 하는 핑퐁 속에서 조직의 의사결정은 속도와 방향성을 잃고 표류하다 적기를 놓치거나 이도 저도 아닌 결론을 내기 십상이다. 그래서 조직의 사일로를 넘어 함께 일하도록 만드는 것은 너무나 중요하다. 앞선 사례처럼 애자일 조직을 구축하고 기능 중심으로 조직이 수시로 재편되도록 하는 것도 좋지만, 결국 중요한 것은 협업을 지향할 수 있도록 일하는 방식 자체가 바뀌어야 한다는 점이다.

오렌지라이프 정문국 전 사장은 애자일에서도 결국 소통과 공유가 중요함을 강조한다.

"한 부서에 30명 가까이 모여 일하던 예전에는 옆 사람이 무엇을 하는지 관심이 없었습니다. 그러다 보니 부서 안에서도 사일로가 있었죠. 오렌지라이프에서는 매일 아침 10~20분 정도씩 데일리 스탠드 업을 하며, 서로 무슨 일을 하는지 이야기를 나눕니다. 이 시간을 통해 각자에게 주어진 역할, 각자가 하는 일이 투명하게 드러나니 '나만 일하고 저 사람은 노는 거 아냐?'라는 막연한 피해 의식을 없앨 수 있었습니다. 또 어떤 지점에서 협업이 필요한지도 쉽게 파악되지요. 이것이 소통과 공유의 힘입니다."

마이크로소프트의 CEO 사티아 나델라는, 관료주의적이고 조직끼리 서로 총구를 겨누는 조직 문화로 인해 거대한 조직이 추락하고 있다는 목소리에 귀를 기울였다. 그는 취임 후 개인 성과나 조직간 경쟁을 유발하는 문화를 버리고 원활한 협업이 이루어질 수 있는 문화를 정착시키는 데 초점을 두었다. 이에 따라 마이크로소프트에서는 명확한 협업의 기준을 제시하고 상호 평가하고 있다. 개인적인 성과뿐만 아니라 다른 구성원의 성공에 대한 기여를 했는지, 다른 구성원의 작업, 아이디어, 또는 노력을 활용하여 의미 있는 결과를 냈는지 등 함께 평가함으로써 협업을 강조한 것은 마이크로소프트가 재도약의 계기를 마련하는 데 중요한 역할을 했다. 한 명의 개인이 성과를 내거나, 리더가 성과를 독식하는 시대는 지났다. 다양한 역할과 능력을 가진 사람들이 하나의 팀을 이루어 경계 없이 협업하고, 협업을 통해 공동의 성과를 만들 수 있도록 해야 한다. 과거형 조직 구조와 인사 평가 제도가 시대의 변화에 맞추어 달라져야 함은 당연한 수순이다.

리더와 팔로워,
서로를 어른과 전문가로 대하라

〉〉〉

"수평적인 조직 속에서 직급도 승진도 없다면, 누가 리더가 되나요?"

"리더는 결국 회사에서 시켜줘야 하는 것 아닌가요?"

맞는 말이다. 회사 안에서 리더는 결국 '합의'되어야 한다. 그러나 그 리더가 결정되는 방식이 더 이상 매년 연례 행사 같은 승진의 방식에 제한되지 않는다는 의미다. 회사마다 운영 방식이 다를 수는 있지만, 미래 조직에서는 단순히 수직 의사 결정, 즉 하향식(Top-down) 으로 결정되기 보다는 자기 조직화(Self-organizing)를 전제로 한 상향식(Bottom-up) 형태로 제안, 구성되는 것도 포함한다. 팀의 목표와 비전을 먼저 상상해본 사람, 자신의 비전에 동조할 수 있는 사람들을 모으고 뛰어들게 할 수 있는 사람, 무엇보다 고객의 변화에 민감하고 빠른 인사이트를 동료에게 쏟아부어 변화를 이끌어낼 수 있는 사람이 리더가 된다. 그렇게 리더로서의 역할을 하다가 또 다른 환경과 과제 앞에서는 팔로워로서 다른 리더를 지원하는 역할을 수행할 수도 있다. 우리는 모두가 리더이자 팔로워가 되는 시대로 옮아가고 있는 중이다.

경력과 나이가 대표성을 가지지 못하는 시대

최근 폭발적으로 성장하고 있는 예비 유니콘 스타트업들의 조직을 들여다보면 CEO는 20대 후반이거나 30대 초반인데, 함께 일하고자 모여든 팔로워들은 대체로 그보다 나이와 경력이 많은 이들이다. 스탠포드, MIT, 칼텍 등 미국 유수의 공과대 박사 출신, 해외 유명 대학교 교수 출신, 훨씬 큰 대기업 임원 출신, 아마존이나 메타(페이스북), 마이크로소프트 본사 근무자 출신 등 그 면면도 화려하다. 예전이라면 학벌이나 나이, 경력 등을 따지면서 어린 CEO와 일하는 것을 거부했을 터다. 그런데 이런 변화가 어떻게 가능했을까? CEO가 제시하는 조직의 비전에 공감했기 때문이며, 이러한 조직 내에서는 나이와 경력이 서열이 되지 않는다는 것을 수용하는 문화가 확산되고 있기 때문이다. 이들은 이미 사업적 비전과 가치를 공유할 수 있다면 나이, 경력, 성별은 더 이상 중요하지 않음을 인정한 것이다.

게다가 요즘 회사에선 선배 사원, 후배 사원의 개념이 희박해진 지 오래다. 전통적 공채 방식으로 직원을 채용하는 회사가 점점 사라지고 있기 때문이기도 하고, 인력의 드나듦이 매우 빠르게 일어나고 있기 때문이기도 하다. 더 이상 선배, 후배라는 일괄적인 분류로 업무 전문성이나 경험을 판단하기 어려운 시대가 되었다.

얼마 전 강연하는 자리에서 누군가 이런 질문을 한 적이 있다.

"저는 경력이 15년인데 전문가인지 잘 모르겠어요."

그 질문에 함께 하던 참석자들 중 상당수가 그녀의 고민에 공감하는 반응을 보였다. 조직에서 15년을 일하더라도 스스로를 전문가라고 생각하기 쉽지 않을 것이다. 조직 안에서 그 조직의 방식으로만 일하는 사람들은 외부의 트렌드나 변화를 놓친 채, 비슷한 업무를 반복하거나 관리 업무에 치우치기 쉽다. 조직 안에서 한참을 일하다, 조직 밖으로 나서려고 하면 불안함이 커지고 몇몇 영역에 국한된 자신의 한계가 유독 크게 느껴진다.

최근 전통적 제조 기업에서는 AI, 빅 데이터, 딥 러닝 등 새로운 혁신기술 등과 접목된 새로운 사업들이 확장되고 있다. 그런데 이러한 변화가 너무나 급격히 이루어지다 보니 조직 상부에 있는 대다수의 사람들은 대체로 이런 분야에 대한 전문성이 떨어진다는 문제를 안고 있다. 그러다 보니 젊고 능력 있는 인재를 외부에서 데려오는 상황에서 갈등이 파생된다. 기존의 관리자와는 사뭇 다른 역할의 전문가들을 고용하게 되는데, 기존의 조직 내 위계와 새로운 전문성이 부딪히는 것이다. 외부에서 영입된 젊은 인재나 리더들이 마치 기존의 조직 구조와 문화를 망가뜨리는 원인 제공자로 여겨지기도 한다.

이런 문화와 현상 기저에는, 한국 조직의 오랜 연공서열의 전제가 깔려 있다. 경력이나 나이 중심으로 돌아가는 위계에 익숙해져 있기에, 나이와 경력이 많으면 어른 노릇을 하려 들고 그렇지 않은 이들은 아이처럼 치부되는 것이다. 이는 매우 심각한 일이다. 어리다는 것이 업무적으로 미숙하고 무능력한 것과 등치의 개념으로 오해받기 때문이다. 그러니 아무렇지 않게 태도를 지적하고, 꼰대 마인드로 조언하고, 일방적으로 지시를 내리며, 자유로운 논의를 가로막는다.

'가족 같은 회사'라는 말은 가장 위험한 표현 중의 하나다. 직장은 가정의 복사판이 아니다. 조직의 리더 중 많은 이들이 회사에서 아버지 역할을 하려고 한다. 회사가 가족 같아야 한다는 생각에서 출발한 태도다. 회사에서 아버지 역할을 하려다 보니까 아들 같고 딸 같고, 모두가 자식 같다. 자식을 바라보는 관점에서 지시와 위계가 생긴다. 하지만 아버지 노릇은 집에서 하면 된다. 가정에서 생각하는 위계, 즉 아버지, 엄마, 자녀의 역할 분담은 회사에서 이루어지는 역할 분담과는 전혀 다르다.

우리는 모두 각자의 역할을 담당하고 있는 어른으로 서로를 대해야 한다. 단지 어리다는 이유로 나의 경험, 내가 알고 있는 좁은 세계로 타인을 재단하고, 획일적 잣대로 판단하는 것은 시대착오적이다. 조직에서 일하는 모두가 서로를 충분히 어른으로 대해야 한다. 어른으로 대한다는 것은 상대방을 통제나 견습의 대상이 아닌, 스스로 의사판단을 하고 그에 걸맞은 책임과 권한을 질 수 있는 독립적 주체로 대한다는 뜻이다. 그러한 신뢰가 자율과 권한을 부여하고, 무거운 책임감이 일을 완성도 있게 고민하고 창의적인 아이디어를 상향 제안할 수 있는 용기를 만들어낸다. 이것이 바로 일터에서는 어른만이 존재해야 하는 이유다.

리더 역할이 맞지 않는다면
과감히 내려놓을 것
—

이처럼 모두가 전문가와 어른으로서 존중받을 수 있고 상호 존중이 보장되는 조직에서 리더와 팔로워를 구분 짓는 경계는 무엇일까? 바로 의지와 능력이다. 진정으로 리더가 되고 싶은가? 어떤 리더가 되길 원하는가? 스스로 질문을 던지고 명확한 대답을 할 수 있어야 한다. 왜냐하면 모두가 리더가 되길 원하는 것은 아니고, 모두가 리더 역할을 잘할 수 있는 것은 아니기 때문이다.

　내 주변에 뛰어난 엔지니어 출신으로 R&D(Research and Development

의 약자, 연구 개발) 센터의 리더를 맡고 있는 사람이 있다. 그는 천재 소리를 들을 만큼 매우 뛰어난 능력을 가졌다. 그러나 안타깝게도 리더십을 차근차근 성장시킬 만한 경험을 하지 못했다. 감정 기복이 심하고, 의사 결정에 서툴며, 피드백이 모호하다. 실제로 그 자신도 리더가 되고 싶지는 않았다고 했다. 그냥 다른 엔지니어들보다 능력이 뛰어나다 보니 조직에서 자연스럽게 관리자 역할을 요구해왔고, 그렇게 승진하는 것 외에는 다른 방식이 없었다는 것이다. 그는 다른 사람이 무엇을 하는지, 어떻게 생각하는지에 대해서는 큰 관심이 없고, 오히려 본인이 맡은 연구에 빠져드는 게 즐겁다고 했다. 즉 혼자 일하는 것이 잘 맞는 사람이다.

이런 사람들에게 리더의 역할이 주어지면 곤혹스럽다. 그는 만일 다른 선택지가 있었다면 굳이 리더가 되기를 선택하지 않았을 것이라고 했다. 관리자로서의 역할을 맡지 않더라도 그가 조직에서 계속 연구할 수 있을 뿐 아니라, 관리자가 되지 않았다 해도 상실감을 느낄 필요가 없는 환경이 마련되었다면 말이다.

나는 그의 선택이 존중받을 수 있는 수준의 다양성이 조직에 필요하다고 생각한다. 자신이 어떠한 역할을 할 것인지 고심하고 그에 맞는 선택을 할 수 있는 다양한 길이 열려 있어야 한다. 나아가 리더가 되지 않을 결정을 하는 것도 자연스럽게 받아들여질 수 있는 열린 문화가 구현되어야 한다. 그러기 위해 성별, 연령, 배경 등에 의한 차별이 없어야 함은 기본 전제다.

최근 글로벌 컨설팅 회사인 딜로이트가 펴낸 연구에는 다양성을 갖춘 조직이 구체적으로 어떠한 문화적 모습을 갖는지가 잘 표현되어 있다. 가장 먼저, 다양성을 갖춘 조직에서는 인구통계학적인 다름에 상관없이 모든 사람들이 동등하고 '예의 바르게' 다루어진다. 누구도 편애당하지 않고 참여할 수 있는 기회가 주어지고, 일터에서의 기본적인 예의에 대해 구성원들이 예민하게 신경 쓴다. 또한 심리적으로 '안전'하다고 생각하며 일에 있어 성장할 수 있도록 '충분한 권한을 받았다'고 느낀다.

심리적 안전감은 다양하고 창의적인 사고들이 발현되기 위한 생태계의 필수 요소다. 그 다음으로는 소속감과 상호 기여의 인식이다. 이는 '우리가 남이가'의 전통적 가족 같은 문화를 의미하는 것이 아니다. 감정적 연대도 중요하지만 구체적인 업무와 도전적인 목표를 놓고 서로 협업하고 이를 통해 성취하며, 그 과정에서 개인이 스스로에 대한 효능감을 서로서로 극대화할 수 있는 문화를 의미한다.

그렇다면 이런 다양성의 문화를 가진 조직이 돈도 잘 벌까? 딜로이트가 제시한 답은 '그렇다'이다. 사고의 다양성은 조직의 리스크를 30% 줄이고 혁신의 성공 확률은 20% 높인다고 한다. 뿐만 아니라 다양하고 포괄적인 문화를 가진 조직은 재무적 목표를 달성하거나 능가할 가능성이 그렇지 않은 조직보다 2배, 혁신적이고 기민할 가능성이 6배 더 높으며, 더 나은 사업 성과를 달성할 가능성이 8배 더 높다고 한다. 실로 놀라운 차이다.

포스트 코로나,
기업이 원하는 인재의 조건

⟫

코로나 사태 이후 주도 산업이 재편되는 과정에서 기업이 원하는 인재상도 변화를 맞고 있다. 그중 한 가지가 기술 인력에 대한 선호도가 높아지고 있다는 점이다. 미국 상무부장관인 윌버 로스도 "수백만 명의 미국인을 실업 상태로 만든 코로나가 사라진 후에는 기업이 필요로 하는 새로운 직업과 관련된 기술 훈련이 필요하다"고 강조했다. 미국 기업들의 기술 우선 채용 역시 가속화될 전망이다. 이는 학위 무용지물의 시대를 한층 더 앞당길 것으로 보인다.

이와 관련해서 전통적 교육 기관인 대학의 위상도 달라지고 있다.

미국뿐 아니라 우리나라에서도 중소규모 대학의 파산 속도는 빨라지고 있으며, '무크(MOOC, Massive Open Online Course의 약자, 온라인 공개 수업)'가 다수의 비효율적 대학들을 사장시킬 것이라고 한다. 이러한 경영 환경과 교육 자원의 변화만큼 기업이 필요로 하는 인재상도 점차 달라질 전망이다.

순응형 인재를 기르는 공채, 리셋하라

과거의 기업들은 규모의 경제에 걸맞은 성실, 근면, 충성도가 높은 인재상을 선호했다. 튀는 학벌과 재능을 가진 인재보다는 해당 조직의 특성을 잘 이해하고 오랫동안 충성도를 높여나갈 수 있는 이들을 우선시했다. 삼성전자, LG전자 등에서 임원을 달고 승승장구한 이들의 면면을 살펴보아도 소위 국내외 명문대 '슈퍼 학벌'의 배경을 지닌 인력도 있지만, 의외로 삼성의 일하는 방식에 적합하고 조직에 충성하면서 우직하고 성실하게 일해 온 리더들의 스토리를 쉽게 찾아볼 수 있었다.

우리나라 기업들은 오랫동안 일본 대기업의 공채 시스템과 조직 문화를 답습해왔다. 과거에 비해서는 위계적 조직 문화를 지양하는 분위기가 확산되고는 있지만, 여전히 일본 기업의 서열화된 피라미드 구조를 바탕으로 한 나이, 연공서열, 호봉, 평생직장과 같은 개념들이 영향을 미치고 있다. 직장 내 과로사, 왕따 문화, 정년퇴직 등도 두 나라만의 공통점이다.

우리나라의 경우 연령에 따른 고용상 차별을 금지하는 법은 마련되었지만, 이력서에 연령 정보를 요구하는 것은 허용하고 있다. 또한 민간 기업에서는 여전히 '나이 상한선'이 적용되고 있다. 이는 일본 기업의 기수·공채 시스템에서 비롯된 잔재다. 물론 단시간 내에 급격한 경제 성장을 이루던 산업화 시대에는 대학 졸업생들을 대규모로 채용해서 조직에 빨리 적응시키는 것만이 최선의 방법이었다. 응시자들의 전공과 무관하게 일률적인 공채 시험을 거쳐 선발하는 것이 가장 효율적이었다.

이런 공개 채용 방식을 거친 합격자들을 기수별로 집단 교육시키면 조직에 대한 충성도는 저절로 높아진다. 당연히 상사의 명령을 잘 따르고 오랫동안 조직에 머무르는 것이 관례가 된다. 이들은 각자의 독특한 개성과 능력으로 평가받기보다는, 조직이라는 정돈된 모자이크의 한 조각으로서 존재한다. 게다가 남자의 경우 군대라는 경험에 유교 문화도 더해져서 사수·부사수 개념의 서열 문화는 더욱 공고하다.

하지만 이제는 공채 시스템도 리셋되어야 하는 구시대적 산물이 되었다.

"스마트한 노동, 좀 더 창의적인 노동을 하기 위해서는 기업 문화에

순응하고 길들여지는 인간형을 육성하는 발상에서 벗어날 필요가 있다."

고려대 노동문제연구소 김성희 교수의 말처럼 기업 내 인재 육성의 목적과 방식은 새로운 시대 변화와 MZ세대의 특성에 맞추어 완전히 바뀌어야 한다는 국면에 접어들게 되었다.

공채가 사라진 자리, 실무력만 살아남는다

공채 제도를 통해 대규모로 채용된 인재들은 직무에 대한 전문성이 부족하다. 게다가 본인의 희망보다는 당장 회사에서 필요한 자리에 배치되곤 한다. 그러다 일이 조금 손에 익고 전문성이 생길 만하면, 순환 보직 제도에 따라 또 다른 부서에 배치되어 새로운 업무를 익혀야만 했다. 순환 보직은 과거 위계적 조직 구조 속에서는 조직 전체를 이해하고 운영하는 관리자형 경영자를 양성하는 차원에서는 효과가 있었지만, 전문성을 가진 리더로 육성시키는 데는 명백한 한계를 갖고 있다.

특히 공기업이나 공공 기관에 가면 이러한 문제는 심각한 수준에 이르러 있다. 거대 공기업의 'C-레벨급' 임원들을 만나보면 자신이 맡고 있는 분야에 대한 지식의 수준이 놀라울 정도로 낮다. 수십 년간 다양한 조직과 지역을 2~3년 주기로 돌아다니면서 관리자로서 생존하는 데 집중해왔기 때문이다. 그들이 특정 직무를 맡게 된 이유는 전문성이 탁월해서가 아니라, 과거 이력에 몇 가지 연관 업무를 맡았던 경력 때문인 경우가 많다. 수백 명에 이르는 큰 조직의 한 분야를 이끌어야 하는 리더지만 조직의 변화에는 큰 관심이 없고, 주요 업무는 별다른 개선 없이 늘 하던 대로 일을 하는 실무진들에게 맡겨놓는다. 그리고 자신의 소임은 2~3년간 자리를 지키다 동기들과 함께 때가 되면 조직을 명예롭게 떠나는 것이라 생각한다.

공채로 인한 오랜 문제점을 인식한 기업들은 최근 적극적으로 채용 방식을 바꾸고 있다. 이전 직장에서 조직 문화 관련한 연구를 수행할 때, 서울대 경영학과 김성수 교수에게 자문을 구한 적이 있다. 그는 우리나라 공채 시스템의 폐해가 크다는 점을 언급하면서 "향후 2~3년 내에 대기업의 공채 제도는 무너질 것 같다"고 말했다. 그 후 불과 2년이 안 돼서 현대와 기아차는 공식적으로 공채를 폐지했고, 2020년부터는 기업의 '포스트 코로나' 채용 풍속도가 확연히 달라졌다. LG와 KT도 공채 제도를 폐지하고 수시 인턴 채용으로 바꿨고, 삼성은 '온라인 적성 검사'를 채택했다. 머지않아 'ㅇㅇ그룹 공채 몇 기'라는 표현 자체가 역사 속으로 사라질 것으로 보인다. 대부분의 기업들이 학교에서의 직무 교육을 중시하고, 인턴 경험을 바탕으로 직무별로 수시로 지원할 수 있도록 시스템을 바꾸고 있다.

대규모 공채 제도가 사라지고 있는 이유는 변화하는 경영 환경에

발 빠르게 대응하기 위해서이기도 하지만, 저성장에 접어들면서 기업의 성장 자체가 둔화되어 과거처럼 수천 명의 신입 직원을 한꺼번에 뽑을 수가 없다는 것이 가장 큰 이유다. 거기다 신입 사원을 채용해서 교육하는 과정에 드는 비용도 만만치 않은데, 앞서 언급한 것처럼 신입 사원의 2년 내 퇴사율이 거의 50%에 육박하고 있는 것이 현실이다. 2019년 고용정보원 조사에 따르면, 신입 사원의 절반가량이 입사 후 2년을 채우지 못하고 퇴사했다. 심지어 1년도 안 돼 그만두는 경우도 네 명 중 한 명에 달했다. 평생직장이 무너지고 직장을 옮기는 것이 너무나도 자유로워진 환경 속에서, 과거와 같은 대규모 공채 채용을 큰 비용을 들여가며 실시할 이유가 사라지고 있는 것이다.

공채가 사라진 자리, 바로바로 현장에 적용할 수 있는 전문성과 실무력은 기업이 원하는 핵심 인재의 필수 요건이다. 전문성이 있어야 자존감도 생긴다. 내 분야에 대한 실무력이 있고 업무를 명확하게 파악하고 있으면 일을 할 때 주도할 수 있고, 회의를 할 때도 자기 목소리를 낼 수 있다. 무엇보다 나에게 주어진 권한을 제대로 행사하려면 업무 전문성이 우선 조건이다. 자신이 없으면 책임지기 싫고 부여받은 권한도 행사를 안 하게 되기 마련이다. 반면에 자존감 있는 사람은 권한을 적극적으로 행사하고 그에 대한 책임도 스스로 지겠다고 나선다. 이런 인재들이 디지털 시대에는 꼭 필요하다. '스스로 알아서 일하는 문화'를 지향하는 기업에서는 점점 더 직무의 전문성을 중요하게 생각하고 있다.

시대가 요구하는 스펙은
학벌이 아니라 '배움'이다

────────────────────────────────── >>

코로나로 인해 온라인 수업이 본격화되기 전부터 대학가에서는 온라인 공개 수업인 무크의 수요가 증가하고 있었다. 그러다 예상대로 코로나 덕분에 이러한 성장세는 더욱 가속화되고 있다. 2020년 9월 코세라(Coursera, 해외 대표 무크 제공 기업 중 하나)가 발표한 보고서에 따르면, 3월 이후 코세라 신규 가입자는 2,100만 명 이상이 늘었고, 수강 신청 건수도 5,000만 건 이상 증가했다고 한다.

이밖에도 구글, 메타(페이스북) 등 글로벌 IT 기업도 무크 강의를 제작하기 시작했으며, '실리콘 밸리의 대학'이라 불리는 유다시티에서는 '구글 개발자가 직접 알려주는 안드로이드 개발' '메타(페이스북) 개발자가 알려주는 R 데이터 분석' 등의 강의를 들을 수 있다. 이처럼 다양한 경로로 시대가 필요로 하는 배움을 이어나갈 수 있는 세상이다. 그렇다면 여기서 중요한 질문이 떠오른다. 미래에도 학벌이 지금처럼 중요한 스펙이 될 수 있을까?

미네르바 스쿨, 무크, 유튜브로 공부하는 세대

소위 MZ세대로 불리는 2030세대는 정보 생산과 확산에 탁월한 능력을 갖고 있다. 특히 Z세대는 유튜브와 함께 자라 '유튜브 세대'라고도 불린다. 이들은 전통 미디어보다는 스마트폰을 비롯한 디지털 기기를 선호하고, 글보다는 이미지와 동영상 콘텐츠에 익숙하다. 포털사이트 검색이 아닌 유튜브 검색을 통해 학습과 오락을 동시에 즐긴다.

이 두 세대는 우리 기업의 현재와 미래의 주요 인력이다. 내가 운영하고 있는 회사에서도 Z세대가 유입되면서 예전의 컨설턴트들이 일하던 모습과는 다른 장면들을 목격할 수 있다. 그들은 전 세계의 다양한 학교에서 어릴 때부터 학습을 해왔고, 프로젝트를 진행할 때도 책이나 문헌을 참고하거나 사람을 인터뷰하는 고전적 방식에 묶이지 않는다. 심지어 프로젝트 리서치 자료를 유튜브 동영상을 통해 찾아내기도 한다. 모바일 세대들은 정보를 찾고 학습하는 경로 자체가 다름을 새삼 깨닫고 있다.

최근의 언택트 상황에서 이들은 학벌과 배움의 장소에 관한 인식도 점차 달리하기 시작했다. 이제는 특정한 물리적인 장소에 함께 모여서 상호 활동하는 교육의 시대는 지났다고 볼 수 있다. 앞으로도 코로나 같은 상황은 반복될 수 있고, 이번 기회로 언택트 교육 인프라는 더욱 발전할 것으로 보인다. '10년 안에 미국 내 절반의 대학이 파산한다'는 경고도 현실이 되어가고 있다. 학령 인구는 줄어드는데 온라인 교육 자원은 늘어나면서 전통적 고등 교육 기관이 자리를 잃어가고 있는 것은 기정 사실이다.

우리나라의 경우도 학령 인구 감소와 재정난으로 매년 문을 닫는 지방의 중소대학들이 늘어나고 있다. 서울에 있는 대학도 정원을 줄이고 있는 추세다. 이런 상황에서는 대학의 서열도 점차 큰 의미가 없어질 것이며, 특정 대학에 입학해야만 들을 수 있는 교수의 수업과 같은 어드밴티지도 줄어들 전망이다. 이러한 변화를 반영하여 이미 미네르바 스쿨이나 아웃라이어 등 차별적인 운영 형태를 가진 교육 기관들이 생겨나고 있다.

미네르바 스쿨은 2014년 IT 기업 스냅피시의 창업자 벤 넬슨이 설립한 미래형 대학으로, '아이비리그 대학보다 들어가기 힘든 곳'으로 알려져 있다. 최근 학기에는 200여 명이 뽑혔고 합격률은 1.5%에 불과했다. 첫 졸업생들은 구글, 트위터 등 실리콘 밸리 기업들과 국제

기구 등 다양한 곳에서 입사 제의를 받았다고 한다. 미네르바 스쿨에서 1학년 학생은 미국 샌프란시스코, 2학년부터는 인도·독일·런던 등 다양한 도시에서 강의를 들을 수 있고 해당 지역 기업 인턴십도 참여할 수 있다.

이 학교의 모든 강의는 '액티브 러닝 포럼(Active learning forum)'이라는 프로그램을 통해 비대면으로 이루어지기 때문에 고정된 캠퍼스나 강의실이 필요없으며, 교수들은 전 세계 각지에서 학생들을 만난다. 비대면 수업이지만 기술 알고리즘을 통해 수업의 참여도 등을 진단하고 모니터링하면서 학생들의 능동적인 참여를 끌어내는 것도 이 프로그램이 가진 차별적 강점 중 하나다.

온라인 수업의 보편화는 교육 환경의 변혁을 예고하고 있다. 학습의 주체자인 MZ세대의 배움의 방식 또한 전통적인 체계를 탈피하고 있다. 심지어 최근에는 공교육의 체계를 강요하는 것이 어떤 의미에서는 폭력일 수 있다는 관점도 생겼다. 더 이상 학위나 학벌이 대단한 의미를 가지지 못하는 시대로 우리는 점점 더 다가서고 있다

업스킬링과 리스킬링의 시대

무크나 유튜브를 통한 해외 대학의 강의는 학생들만 듣는 것이 아니

다. 직장인들의 관심도 갈수록 높아지고 있다. 아울러 직장인 재교육 혹은 평생 교육 수요도 폭발적으로 증가하고 있다.

최근 기업들이 직무 중심의 채용을 확대하고 있다 보니 취업 준비생뿐 아니라 직장인들도 실제 업무에 관한 지식을 익히기 위해 고군분투하고 있다. 패스트캠퍼스, 러닝스푼즈 등 회사 내 교육 부서를 통해 충족되기 어려운 직능 교육을 제공하는 기관들이 국내에도 다양한 형태로 생겨나고 있으며, 그 성장세가 무서울 정도로 가파르다.

한국형 온라인 공개 강좌인 'K-무크'의 저변 확대도 직장인들의 공부 열풍에서 시작된 것이다. 공부하는 직장인들이 늘어나고 있는 것은 융복합 기술 발전과 수명 연장 등으로 직무 능력을 업그레이드해야만 하거나 조기 은퇴 후 제2, 3의 직업을 가져야 하는 절박한 상황 때문이다. 또한 더 이상 공채를 통해 숙련자를 찾지 않고 다른 방식으로 전문 인력을 찾는 시장 분위기로 바뀌고 있기 때문이기도 하다. 더불어 인력들이 자신만의 가치 중심과 목표를 가지고 소속과 커리어를 빠르게 변화시키는 경향이 가속화되고 있는데, 그러한 능동적 선택으로부터 발현된 온디맨드(On-demand) 학습에 대한 니즈도 한몫 하고 있다. 그리고 이는 비단 우리나라만의 현실은 아니다. 2020년 코로나 환경에서 글로벌 HR컨설팅 업체들은 앞다투어 포스트 코로나 트렌드로 직장인들의 업스킬링(Upskilling)과 리스킬링(Reskilling)을 꼽았다. 산업 분야나 세대, 직급을 불문하고 거의 모든 사람들이 기술 혁명 시대를 보다 적극적으로 준비하기 위해 공부에 매진하고 있다.

『현대인들은 어떻게 공부해야 하는가』를 펴낸 노규식 박사는 현대인에게 공부란 '평생 새로운 것을 배울 수 있는 능력'이라는 관점에서 접근해야 한다고 말한다. 종신형 직장과 직업이 사라진 시대에 변화하는 직무 능력을 갖추기 위해서는 평생 공부하며 익히는 자세를 갖추는 것이 가장 중요하다. 이런 니즈가 교육 서비스의 저변 확대를 불러왔으며, 앞으로도 직장인들은 다양한 배움의 경로를 통해 업스킬링, 리스킬링을 지속해야 하는 새로운 기준에 적응해야 할 것이다.

4장

'나'와 '나의 일'을 리드하는 커리어 생존 전략

디지털 문해력과 공감력,
기존의 자원으로
새로운 것을 만드는 편집 능력,
스토리텔링 설득력,
사람과 자본을 연결하고
확보하는 능력,
그리고 학습 민첩성을 갖춘
뉴 프로페셔널만이
자신의 삶과 일을
리드할 것이다.

언택트 언어 능력,
디지털 리터러시를 갖춰라

>>

전 세계는 지금 전대미문의 언택트 시대를 살고 있다. 전문가들은 코로나가 종식된다고 해도 결코 이전의 삶으로 되돌아갈 수 없다고 말한다. 그렇다면 기업의 경영 환경과 조직 문화도 예전의 형태로 돌아가기 어렵다. 특히 포스트 코로나의 핵심 산업으로 급부상한 분야를 빠르게 키워나가기 위한 인재상도 관련 업무에 적합한 직무 능력과 인성을 가진 인물로 변화하고 있다.

그렇다면 기업들은 어떤 조건을 갖춘 인재를 원하고 있을까? 그중 첫 번째를 꼽는다면, 사업 분야를 막론하고 언택트 시대에 걸맞은 소통법을 갖춘 사람일 것이다.

'21세기의 문해력'이란 무엇인가

코로나 이후 기업들의 투자는 어디로 향할까? 누구나 동의하는 것 중 하나는 기술 예산이 증가할 것이라는 점이다. 특히 디지털 트랜스포메이션의 가속화에 박차를 가할 것으로 보인다. 이와 관련해서 기업들은 빅데이터 애널리틱스, 비즈니스 프로세스 관리, 모바일 디바이스, AI 등에 집중 투자할 전망이다.

당연히 최첨단 기술의 가치를 극대화시킬 수 있는 인재 영입과 육성에도 투자를 아끼지 않을 것이다. 그러므로 기업이 원하는 인재상의 첫 번째 조건은 분야를 막론하고 '디지털 리터러시(Digital literacy)'를 겸비한 인력이다. 디지털 리터러시란 디지털 기술, 데이터, 정보, 콘텐츠, 미디어 등 디지털과 관련한 모든 것을 읽고 분석하여 목적에 맞게 쓸 줄 아는 능력과 소양을 일컫는데 이른바 '언택트 시대의 언어 능력'이라 할 수 있다.

MZ세대 중에는 온라인 모바일 상의 다양한 출처들로부터 정보를 취합하고 코딩이나 프로그래밍 언어를 습득하여 정보를 분석, 처리하는 능력을 겸비한 이들이 많다. 이제는 이런 역량들이 차별화된 개인의 능력이 아닌 기능적으로 당연히 갖추어야 할 것으로 인식되고 있다. 즉 디지털 리터러시가 '21세기의 문해력'이 되었다. 그런데 디지털 언어를 활용하는 능력을 갖추었다고 해도, 그것을 업무에 제대로 적용하고 재빠르게 실행할 수 있는 '초민감성'을 갖추지 못하면 인재라 할 수 없다. 새로운 기술과 정보는 앞으로도 끊임없이 쏟아져 나올 것이다. 그 속에서 얼마나 신속하게 트렌드를 읽어내고 고객의 니즈 변화에 맞춰 비즈니스와 마케팅으로 실행해내는가가 중요하다.

또한 디지털 리터러시는 온라인 커뮤니케이션 예절이나 디지털 정보 평가 능력, 디지털 권리와 책임감 등의 역량도 포함하고 있다. 이는 디지털 원주민이라 불리는 MZ세대뿐 아니라 중년세대들에게도 언택트 시대 소통을 위한 필수 능력이라 할 수 있다.

비대면 업무 환경에서 어떻게 소통해야 하는가

소통이란 언어뿐 아니라 제스처, 분위기와 상황 맥락 등 다양한 요소로 이루어진다. 그런데 언택트 시대에는 그런 부분들에 있어 다소 한계가 있을 수밖에 없다. 특히 소통에 있어 고맥락 문화권에 속하는 우리나라의 경우는 더욱 그렇다.

미국의 인류학자 에드워드 홀은 의사소통과 관련해서 고맥락

(High-context) 문화와 저맥락(Low-context) 문화가 존재한다고 주장했다. 고맥락 문화는 같은 문화권 내에서 암묵적으로 인정하는 부분이 많고 비언어적이고 상황 중심적인 메시지의 비중이 높다. 반면 저맥락 문화는 메시지들이 언어 또는 서면만으로 충분히 전달될 수 있어야 한다. 우리나라와 중국, 일본이 고맥락 문화라면, 미국과 독일 영국 등은 저맥락 문화라 할 수 있다.

우리나라 문화에서는 업무 의사소통 시 상대의 말을 곧이곧대로만 받아들여 이해하지 않는다. 사장님의 의중을 말 자체로만 파악하는 게 아니라, 행간에 숨겨진 의미를 맥락 안에서 유추한다. 혹은 행동이나 표정 뉘앙스를 주의 깊게 관찰해서 '눈치껏' 파악하는 게 보편적이다. 즉 고맥락 문화에서는 소통 시 듣는 사람에게 이해의 책임이 있다. 듣는 사람에게 책임이 있기 때문에, 상대방의 의도를 정확하게 알아차리지 못하고 다시 질문하는 것은 본인의 이해 부족을 드러내는 불편한 일이 되는 것이다.

반면 미국을 비롯한 저맥락 문화권에서는 말하는 사람에게 책임이 있기 때문에 굉장히 구체적이고 정확하게 언어 그 자체로 메시지가 전달되도록 말한다. 듣는 사람이 애써 숨겨진 의중을 간파하기 위해 눈치를 볼 필요가 없으며, 이해를 하기 위해 질문하는 것을 불편해하지 않는다.

그런데 언택트 시대가 되고 보니 우리나라처럼 고맥락 문화 속에서의 소통은 점점 더 어려워지는 실정이다. 온라인으로 일하며 소통하는 과정에서, 현장에서만 캐치할 수 있는 맥락에 대한 이해 없이 상대방의 의사를 명확하게 이해하려면 훨씬 더 많은 시간과 에너지를 소모해야 한다. 실제로 코로나 이후 이러한 어려움을 호소하는 직장인이 현저히 늘었다고 한다.

따라서 언택트 환경에서는 지금까지의 소통 방식에서 탈피하여 보다 구체적이고 정확하게 자신의 의견을 전달할 수 있는 역량이 중요해진다. 또한 질문이 가능한 문화를 조성하고 질문을 통해 다양한 의견을 끌어내며, 멀리 떨어진 사람들도 설득해낼 수 있는 능력과 리더십이 그 어느 시점보다 더 중요해지고 있다.

공감력은
곧 지능이다

〉〉

게임 회사에 근무하는 최 대리는 코로나 이후 시작된 재택근무가 마냥 좋지만은 않다. 처음에는 출퇴근 시간을 유용하게 쓸 수 있고 저녁이 있는 삶을 누릴 수 있어서 반겼다. 하지만 시간이 지날수록 적극적인 소통이 불가능한 상황이 답답하게 느껴졌다. 화상 회의가 아무래도 대면 회의보다는 집중도나 공감력 측면에서 효과가 떨어지고, 문자 등 메시지만으로는 직접 만나는 것보다 원활한 소통이 어렵기 때문이다.

언택트 시대에 서로 떨어져 있는 환경에서도 원활하게 상대방이

처한 맥락을 파악하고 적절하게 대응할 수 있는 역량은 결국 가장 근본적으로 공감력으로부터 온다. 이는 단순히 이성적인 업무 처리보다는 인간 고유의 감정의 영역이 작동하는 분야다. 공감력이 필요한 것은 함께 일하는 동료 간뿐만 아니라 고객과 시장의 니즈를 감지하는 부분에 있어서도 마찬가지다.

'나는 누구인가'에 대한 끝없는 탐구

심리학자 하워드 가드너는 천재성의 발현을 다양한 각도로 판단하면서 '다중 지능 이론'을 주장했다. 그의 연구에 따르면, 누구나 자신의 잠재력이나 강점을 파악해 시대가 원하는 인재로 거듭날 수 있다. 가드너가 첫 번째로 꼽은 능력은 바로 '공감력'이다. 공감력은 감정 지능 중 핵심 요소다. 상대방의 표정이나 제스처 하나만 보고도 그의 감정을 파악한다면 대단한 공감력을 소유했다고 볼 수 있는데 다행히도 이 능력은 반복과 훈련을 통해 향상될 수 있다.

　'공감'은 다른 사람의 심리적 상태를 그 사람의 입장이 되어 느끼는 것을 통해서 지각하는 방식이다. 때론 상상력을 발휘해 상대방의 처지가 되어 그 사람의 감정과 관점을 이해한 후, 그것을 활용해 자신의 말과 행동에도 변화를 줄 수 있다. 그런데 이러한 공감에는 두 가지 종류가 있다. '심퍼시(Sympathy)'와 '엠퍼시(Empathy)'다. 심퍼시는 동정과 연민의 감정이기에 외부적 입장에서 상대의 감정을 이해하는 것이다. 반면 엠퍼시는 감정이 이입된 공감이다. 감정적으로 상대에게 훨씬 깊이 들어가 있는 개념이다. 우리가 필요한 공감은 단순한 동정이나 연민을 넘어 엠퍼시 수준의 공감을 의미한다. 동정과 연민은 타인의 감정이나 입장을 이해하려는 노력 없이도 느낄 수 있기 때문이다. 그러나 엠퍼시에 해당하는 공감력을 갖기 위해서는 노력이 필요하다. 그중 최우선되어야 할 것이 바로 '자기 자신을 이해하는 것'이다.

공감력은 '내가 누구인지' 제대로 알아야 키울 수 있다. 나의 감정과 기질에 대한 이해가 먼저 이루어져야 타인의 말과 행동에 적절한 공감을 할 수 있기 때문이다. 이러한 자아 성찰 지능이 뛰어난 사람은 대내 지능이 높다. 대내 지능이 높은 사람은 자신의 장단점을 잘 파악하고 있어서 매우 자기 확신적이며 자신을 잘 통제한다. 이 지능은 모든 능력들을 활성화시키는 동인으로 한 분야의 리더가 되기 위해 반드시 갖추어야 할 지능이다.

기업들이 새로운 시대에 필요한 인재상 중 하나로 공감력을 꼽은 이유도 여기에 있다. 나를 잘 이해하고 타인에게 관심을 기울이는 공감력은 의사소통을 촉진시키는 과정에서 스스로 동기 부여를 하게 하는 원동력이기 때문이다. 뿐만 아니라 자신의 불편함을 느끼는 순간을 잘 알아차리고, 불편함을 유발하는 상황이나 서비스를 능동적으로 바꾸어감으로써 타인의 불편함까지도 개선해나가려는 마인드가 스타트업 창업자로서 가장 요구되는 역량이기도 하다. 이제는 기술 습득과 발전만이 중요한 게 아니다. 이를 활용하고 나와 타인, 세상을 연결시킬 수 있는 상호 능력을 극대화시킬 필요가 있다.

그런데 정작 이러한 인재가 되어야 하는 MZ세대의 공감력은 어떠한가? 그들은 부모로부터 '너는 뭐든 할 수 있다'는 이야기를 줄곧 듣고 자랐지만 입시를 위한 주입식 교육에 익숙해지는 과정에서 자기자신에 대해 고민할 여유도 기회도 충분히 주어지지 않았다. '나는 누구인가?' '내가 무엇을 잘할 수 있을까?'에 대해 적극적으로 탐색할 수 있는 기회 자체를 박탈당했던 것이다. 최근 그들이 MBTI에 열광하는 것도 이런 맥락에서 해석해볼 수 있다. 무언가 나를 정의해주는 객관적인 지표에 의지해서 나를 규정하고 싶은 욕구의 표현이자, 다른 사람들과 구별되는 나만의 특성을 통해 특별함을 확인하고자 하는 욕구를 보여주는 셈이다.

자신의 강점, 성격, 기질, 동기 등을 모르는 상태에서 나에게 맞는 커리어 목표를 세우는 것은 어려운 일이다. 무엇보다 중요한 것은 자신을 잘 아는 것이다. 나는 '무엇을 할 때 가장 행복한 사람인가' '내가 직업을 선택할 때 가장 포기하기 어려운 요건은 무엇인가' 등에 대한 충분한 고민을 한 뒤 직업이나 전공을 선택해야 한다. 하지만 오랜 입시와 경쟁에 길들여진 나머지 상황에 이끌려, 또는 부모님이 바라거나 사회에서 인정받는 직업이나 직장으로 무작정 뛰어드는 이들도 여전히 적지 않다. 대기업의 신입 사원 퇴사율이 점점 증가하고 있는 것도 이러한 맥락에서 이해해볼 수 있다.

감정과 맥락을 헤아리는 소통력

오늘날은 언택트 상황에서 소통할 때도 상대가 하는 말의 의도와 맥락을 제대로 읽어낼 수 있는 예민함이 필요한 시대다. 동료나 상사의 입장 그리고 고객이나 관계사의 입장에서 생각해보려면 남다른 감성 지능이 필요하다. 따라서 디지털라이제이션이 가속화되면 될수록 역설적으로 이런 대인 지능이 차별화를 만들어내는 요인이 될 것이다.

대인 지능은 다른 사람의 관점으로부터 사물을 판단하고, 집단과 협동하며, 언어적 또는 비언어적으로 의사소통하는 능력으로 자아 정체감 유지에도 중요하다. 이는 타인의 감정과 정서, 의도와 욕구 등을 잘 인식하고 그에 적절하게 대응하는 능력인 소통과 직결된다.

AI 시대에 모든 것이 자동화되고 개인화되고 있다지만 그럴수록 협업이나 소통의 역량이 더 필요하다. 코로나19로 언택트 상황이 가속화되면서 리더들로부터 온라인 소통으로는 공감이 어렵다는 하소연이 늘었다. 이는 앞서 언급했듯이 우리나라가 고맥락 소통의 문화권이기에 온라인 소통이 익숙하지 않고 마음도 편하지 않다는 데 이유가 있기도 하다. 특히 전달자의 입장에서는 자신의 의중이 충분히 전달되지 못한 것 같은 불안감이 든다.

앞으로 조직에서는 감성 지능이 뛰어난 리더들을 갈수록 더 선호하게 될 것이다. 일을 잘하는 역량 못지않게 사람들의 감성을 살피고 소통을 잘하는 역량이 중시된다. 과거에는 일을 추진하기 위해 사람들을 가혹하게 몰아붙이고 막말을 일삼고 구성원들의 감정을 교묘하게 괴롭히던 리더들이 조직에서 승승장구할 수 있었지만, 이제는 그렇게 나쁜 리더나 그런 행동이 용인받는 조직 문화를 가진 기업은 쉽게 소문이 퍼진다. 누구나 블라인드나 기업 평판 사이트를 통해 쉽게 정보를 얻을 수 있기 때문이다. 또한 그러한 행동이 기업의 상품 및 채용 브랜드에 미치는 영향이 너무나 크다는 것을 기업들이 잘 이해하고 있다.

물론 이를 전적으로 리더의 개인기에 의존할 수만은 없다. 관련한 시스템과 프로세스를 갖추는 것도 중요하다. 고도화된 자체 서베이 시스템과 데이터 분석 인프라를 갖춘 혁신 기업들의 경우, 최근 '펄스 서베이(Pulse survey)'라는 실시간 조직 문화 진단 툴을 활용하기도 한다. 실제로 구성원들의 감정이 어떠한지, 적절히 조직에 몰입하고 있는지, 특정 조직에 속한 구성원들이 수동적으로 업무를 수행하는 데 급급한지 등을 리얼타임으로 살피는 것이다. 사람이 건강을 위해서 맥박 수, 혈압을 자주 체크하듯이 조직도 구성원들의 상태를 주기적으로 확인해야 한다는 의미다.

가령 직원들이 출근해서 회사 컴퓨터에 로그인하면 특정 문항들에 답하게 해서 심리 상태나 업무 진행 시의 애로사항 등을 HR 애널리틱스(HR analytics) 부서, 또는 리더가 데이터화해서 적극 활용하는 것이다. 단위 조직별로 업무 분위기가 좋지 않거나 성과가 떨어지는 조직을 파악해서 팀원들의 심리적 안정감과 업무를 서포트하는 방법을 찾는다. 미국에서는 이를 시스템이나 프로세스로 만들어 적용하는 사례가 크게 증가하고 있다. 우리나라에서도 앞으로 이러한 시스템을 잘 활용해서 구성원의 감성과 상태를 잘 살피는 것이 리더와 HR의 중요한 역할이 될 것이다. 이는 소통, 공감력과 맥을 같이 한다.

직원들도 스스로 자신의 잠재력과 업무 역량을 파악하려는 노력을 해야 할 것이다. 내가 누구인지 파악하고, 지금 하는 일을 좀 더 잘하기 위해서는 어떤 노력을 기울이고 조직에는 어떤 지원을 요청해야 하는지 주기적인 성찰이 필요하다. 내가 누구인지 아는 사람은 내가 가지고 있는 것과 가지지 못한 것을 구분할 수 있고, 부족한 부분은 타인과의 소통과 연결을 통해서 도움을 받고자 노력할 수 있다. 이런 이유로 대인 지능은 원활한 협업을 위한 잠재 능력이다.

환경 문제에 연대하여
새로운 기회를 발견하는 능력

―

2018년, 15세 소녀 그레타 툰베리는 지구 환경 파괴에 침묵하고 기후 변화 대응에 적극적이지 않은 어른들에게 반항하는 의미에서 금요일마다 등교를 거부했다. 이는 SNS를 통해 전 세계 청소년에게 큰 공감을 불러일으켰고, 이듬해 125개국 2천여 개 도시에서 기후 변화를 위한 대응을 촉구하는 학생 시위가 일어나는 계기가 되었다. 또한 툰베리는 16세 때 유엔 본부에서 열린 기후 행동 정상 회의에서 각국 정상들을 질타했고, 도널드 트럼프 미국 대통령과 트위터상에서 설전을 벌이기도 했다.

툰베리 이야기를 꺼낸 이유는 오늘날의 공감력이란 그 대상이 단지 '사람'에 국한되어서는 안 된다는 점을 강조하기 위해서다. 코로나 팬데믹, 미 서부 지역 산불, 지구 온난화로 인한 각종 환경 문제와 식량난 등 지금 지구는 세기말적 상황이라 해도 과언이 아니다. 특히 기후 변화로 인한 환경 문제는 특정 지역에 국한된 문제가 아니기 때문에 전 세계가 연대하고 있다. 그러므로 기업들도 사람에 대한 공감뿐 아니라 자연과 기후의 변화를 예측하고 공감하는 능력을 키워나가야 할 시기다. 전 인류가 함께 팬데믹을 경험해나가는 이 시기에 기업의 ESG(Environment, Social and Governance의 약자, 기업의 비재무적 요소인 환경, 사회, 지배 구조를 뜻하는 말)에 대한 관심이 폭발적으로 증가하고 있는 것도 그러한 맥락이다. 단순히 재무적인 요소를 통해 기업을 평가하던 과거에서 벗어나 기업의 장기적 수익과 연결될 수 있는 환경 문제 등 비재무적 요소를 적극적으로 평가하겠다는 것이다. 당연히 기업이 원하는 인재상에도 환경 문제에 적극적으로 공감할 수 있는 감성과 역량이 포함될 수밖에 없다.

이제 지구는 인간이 마구 써도 되는 무한한 자연이 아니다. 지구와 인류가 공생하면서 지속 가능한 삶을 살 수 있는지 능동적으로 고민해야 한다. 기업의 비즈니스 방향을 좌우하는 복잡계에 미치는 변수 중에 환경적인 변수는 점점 더 커질 것이다. 최근 글로벌 기관 투자자들도 저탄소 경쟁력을 가진 기업들에 대한 투자를 늘리고 있다. 비즈니스 관점에서도 기회가 많은 영역이기 때문이다. 이런 변화들을 공감하고 사업의 기회를 발견하기 위해서는 자연 지능에 관한 공감력을 갖추려는 노력이 절실하다.

공감력이 뛰어난 사람들의 비밀

평소에 적극적으로 소통하고 공감 능력이 높은 사람은 자신의 삶을 둘러싼 다양한 관계와 상황에 관심이 많고 상상력도 풍부하다. 이런 사람들의 공통점을 꼽으려면 '심적 여유'가 있다는 점이다. 이들은 불필요한 일에 에너지를 쏟는다거나 단지 스펙을 늘리기 위해 과도하게 시간을 쓰지 않는다. 오히려 내 안에 새로운 것을 채워 넣을 수 있는 비어 있는 공간을 만들기 위해 애쓴다. 그래야 새로운 에너지를 충전할 수 있기 때문이다.

이처럼 공감력은 일상생활에서 여유를 찾으려 노력하고 그것을 통해서 외부와 지속적으로 연결되고자 하는 상태에서 키워진다. 삶과 일 가운데 우선순위를 정하고 쓸데없는 것에 쏟는 시간과 에너지를 줄여보자. 그리고 정말 중요한 것에 몰두하는 감각을 찾아 기회를 포착하다 보면 창의적인 사고를 할 여유가 생겨날 것이다.

『인간 본성의 법칙』의 저자 로버트 그린은 인간이 태어나면서부터 누구나 사람들과 교감하고 사회적 권력을 얻을 수 있는 가장 뛰어난 도구가 바로 '공감'이라고 말한다. 그러면서 잘 개발해서 적절히 활용한다면 공감만큼 유용한 도구도 없는데, 이것이 제 역할을 하지 못하는 건 '자기 안에 매몰돼 있기 때문'이라고 지적했다. 그의 말처럼 우리 인생 최대의 과제는 자기애를 극복하고 감수성을 내 안이 아닌 밖으로, 타인을 향해 사용하는 법을 배우는 것이다.

다양한 사람들을 만나되 한 번의 관찰과 판단으로 상대를 규정하지 않는 열린 태도도 중요하다. 아무리 많은 사람들을 만나 소통한다고 해도, 내 안에 갇혀 있는 사람은 타인과 영향을 주고받을 수 없기 때문이다.

익숙한 것을 연결해
새로운 것을 창조하라

                                                  »»

"지금 필요한 미래 인재는 양손잡이 전문가, 'T자형 인재'입니다."

서울대 빅 데이터 연구원 차상균 원장은 금융·제조·마케팅 전문가들에게 AI를 가르쳐서 왼손에는 본인의 전공 분야를, 오른손에는 데이터 사이언스와 AI로 무장한 인재로 육성해야 한다고 말했다. 이는 고(故) 이건희 회장이 이미 2000년대 초부터 강조한 인재상이기도 하다.

이건희 회장은 인재 양성의 중요성을 강조하면서 "국제화, 전문화, 다양화 시대에서는 한 가지 전문 분야에만 정통한 'I자형 인재'가 아니라 다방면에 걸쳐 융합적인 사고 능력을 갖춘 'T자형 인재'가 바람직하다"고 말했다. 기술자도 MBA 과정 출신이 될 수 있고, 관리부서 출신도 컴퓨터에 능통해야 한다는 것이다.

그런데 앞서 차 원장이 강조한 것처럼 이 T자형 인재는 ICT 융복합 환경이 본격화되고 있는 시대에 또 다른 진화를 요구받고 있다. 바로 '편집자적 역량을 갖춘 T자형 인재'이다.

미래형 인재는 혼자 일하지 않는다

산업화 시대 기업들은 특정 분야의 전문성을 강조하고 한 우물을 파는 걸 중시했다. 그러다가 정보기술 시대로 접어들자 자신의 분야뿐 아니라 영역을 넘나들며 종합적인 사고 능력을 갖춘, 즉 기술력과 통찰력을 갖춘 인재들이 각광받기 시작했다.

그러나 지금은 다르다. T자형 인재들에게 '홀로 존재하지 말 것'을 강조한다. 즉 독립적 T자형 인재가 아닌, 다방면의 T자형 인재들과 결합해서 새로운 것을 만들어낼 줄 아는 인재가 각광받고 있다. 나는 이러한 능력을 '편집'이라고 부른다. 무에서 유를 창조하는 것이 아니라, 기존의 지식과 기술을 서로 연결해서 또 다른 창조물을 만들어내는 역량이야말로 지금과 같은 융복합 기술 시대에 가장 필요하다.

나 역시 본업을 수행하면서 편집 능력의 중요성을 절감하고 있다. 우리 회사는 정신건강의학과 전문의, 임상 심리와 상담 심리 전문가들과 협업하여 리더십 코칭에 정신의학적 분석 영역을 접목하는 새로운 시도를 하고 있다. 리더십 교육을 하다 보면, 사람은 자신에 대해 진정한 깨달음을 얻지 않으면 결코 변할 수 없다는 것을 알게 된다. 리더들도 마찬가지다. 그들 역시 개인적으로 극적인 위기를 겪을 때 변하는데, 그런 위기 없이도 달라지려면 나 자신을 온전하게 들여다보는 과정이 필요하다. 리더들이 당면해 있는 문제들은 주로 과거 성장기에 부모와의 관계 또는 이후 직장 생활에서 쌓인 성공과 실패 등의 경험에서 비롯된 복합적 산물인 경우가 많다. 이는 정신과적인 상담과 분석을 통해 보다 더 근본적인 원인 분석을 할 수 있다. 그래서 리더십 교육을 하면서 정신의학 전문가들과 협업해 기존 시장에 없던 새로운 가치의 서비스를 '편집'하여 만들어내게 된 것이다.

이제 혁신은 기존의 것을 더 좋아지게 하는 것으로는 부족하다. 기존의 것과 다른 것을 결합해야 '파괴적 혁신'이 가능하다. 이는 산업과 산업의 경계에서 발현되는 것이지 특정 산업이 독자적으로 진화해서 거둘 수 있는 성과가 아니다. 그래서 서로 다른 것들이 이합집산해서 만들어내는 것들이 훨씬 더 혁신적일 가능성이 높다. 핀테크 기업들이 디지털플랫폼과 금융을 결합하여 기존 은행, 증권, 보험이 시도하지 못하는 혁신적 서비스를 만들어냄으로써 시장을 무섭게 잠식하고 있는 것이 바로 그러한 사례다.

협업으로
차별적 가치를 창출하라

2017년 푸드테크 스타트업 지구인컴퍼니를 설립한 민금채 대표는 탁월한 '편집 능력'으로 멀티플레이어의 진가를 발휘하고 있다. 국산 재고농산물을 활용해 개발한 식물성 고기 언리미트로 2021년 1월 농식품부가 주관하는 '이달의 A-벤처스'에 선정됐다. 뿐만 아니라 미국과 홍콩에 수출을 시작했으며, 그즈음 음식계의 노벨상이라 불리는 '몽드 셀렉션'에서 동상도 받았다. 코로나19 이후의 위기가 오히려 기회가 되어, 미국과 홍콩의 수출 물량이 두세 배로 늘었으며 일본, 싱가포르, 중국 등에서도 수출 문의가 들어오고 있다.

민 대표는 잡지사 기자로 8년 동안 일하다가 다음카카오와 배달의민족에서 각각 마케팅과 상품 개발을 맡아 일하면서 농부들과 친해졌고 농가의 골칫거리인 '못난이 농산물'에 관심을 갖게 되었다. 버려지는 것들로 새로운 이익을 낳는 선순환 구조를 만들어야겠다는 데 착안해서 처음에는 과일과 채소를 다루었다. 하지만 그것만으로는 사업이 지속가능할 것 같지 않아서 부가 가치가 더 높고 경쟁력이 있는 상품을 만들어야겠다는 생각에서 가공 음식, 즉 대체육 시장에 뛰어든 것이다.

지구인컴퍼니의 성장에는 민 대표가 그동안 쌓아온 다양한 커리어와 경험이 큰 영향을 미쳤다. 자신이 가진 장점과 업무 역량을 다른 분야로 확대해 새로운 가치를 만들어낸 대표적 사례라 할 수 있다. 특히 민 대표는 잘 모르는 분야에 뛰어들 때 갖게 되는 두려움을 극복하기 위해 각 분야의 전문가들과 발 빠르게 협업한 것이 사업의 추진력을 높이는 데 큰 일조를 했다고 말했다.

"기자 시절엔 항상 TF팀에 들어가 있었고, 다음카카오에서도 겸직으로 TF업무를 많이 수행했어요. 프로젝트에 맞게 새로운 팀이 꾸려지면 시장 조사 하는 것부터 서비스 만드는 것까지 전 프로세스를 다 경험하면서 비즈니스 모델을 만드는 일에 익숙한 편이었죠. 제가 식품공학자나 과학자가 아니잖아요. 방향성을 리드하되 개발을 잘할 수 있는 분들을 영입해 운영을 맡기는 방식으로 비즈니스를 시작하면 낯선 분야도 충분히 도전해서 성장을 이루어낼 수 있다고 생각해요."

'편집의 리더십'이란 무엇인가

주요 기업의 리더들과 만나 업무 이야기를 하다 보면 CXO(CEO, CFO 등 최고경영자들을 모두 일컫는 말) 리더들임에도 불구하고 본인이 맡고 있는 일이나 업무 영역에 대한 전문성이 떨어지는 경우를 자주 목격한다. 이들은 해당 조직에서 필요로 하는 제너럴리스트, 즉 관리자로서는 살아남았다. 하지만 전문성이 떨어지고 급변하는 트렌드에 둔감해서 결국엔 혁신의 결정적 장애 요인이 되고 만다. 조직의 후광 없이 개인의 능력으로만 평가를 한다면 역량이 한참 뒤처지는 이들이 상당히 많은 게 현실이다.

이러한 문제점을 인식한 기업들은 조직 문화와 채용 방식에 변화를 꾀하고 있다. 많은 기업들이 너나 할 것 없이 공채 제도를 폐지하고 필요한 직무 중심으로 수시 채용을 하는 방안을 택했다. 대학 또한 직무 중심 교육을 통해 인재들을 육성하고 있다. 일찌감치 전문 영역을 정한 스페셜리스트 인재들은 인턴과 실무를 거쳐 원하는 프로젝트를 수행하기 위해 조직에 채용되고 또 다른 커리어 목표를 위해 이직을 하기도 한다. 바야흐로 제너럴리스트의 시대에서 스페셜리스트의 시대로 옮아가고 있다.

그런데 이러한 환경 변화에서 살아남기 위해 '전문가'가 되는 것만으로 충분할까? 옥스퍼드대학 교수이자 영국 정부 자문위원인 리처드 서스킨드는 그의 저서 『4차 산업 혁명 시대, 전문직의 미래』에서, 인공지능과 빅 데이터가 가져올 미래 상황에서는 사람의 머릿속에 있는 전문 지식은 필연적인 한계를 갖게 될 것이라고 언급했다. 예전에는 전문 지식이 전문가의 머릿속이나 책 그리고 다양한 문서 또는 특정 단체의 규정과 조직 안에만 존재했다. 하지만 기술 기반 인터넷 사회에서 정보와 지식이 공유되는 방식은 이와 다르다.

이미 인터넷이 정보를 탐색하는 방식에 일대 혁명을 일으켰고, AI 시대에는 전문가의 지식도 대단히 특별하거나 일부 계층만 독점하는 것이 아니기 때문에 그들에 대한 특별 대우도 점차 사라질 가능성이 있다. 전문가들의 직무조차 AI에 대체될 위기에 처해 있는 것이다. 그렇다면 인간이 대체되지 않고 지속적으로 우위를 점할 수 있는 방법은 무엇일까? AI는 기존의 방식들을 연산 처리하여 반복하면서 의사결정의 정확도를 제고시키는 방식으로 진화한다. 하지만 여전히 예측하지 못한 방식의 연결이나 창의성이 요구되는 영역에서는 인간을 대체하기 어렵다. 다시 말해 기존에 존재하지 않았던 방식으로 아이디어를 내고 산업간 결합을 통해 예측을 뛰어넘는 변화를 이끌어내는 것은 결국 인간의 영역이다.

최근 혁신을 창출하고 기존 산업을 잠식해나가는 디지털 기업들의 사례를 보면, 기업 단위에서도 이러한 변화가 속속 나타나고 있다. 아마존은 유통을 넘어 로봇을 만들기 시작했고, 구글은 커넥티드 카(Connected car, 정보 통신 기술과 자동차를 연결시켜 양방향 소통이 가능한 차량) 사업에 나섰으며, 핀테크 기업들은 송금을 넘어 보험 및 증권업에까지 뛰어들고 있다. IBM이 AI 왓슨서비스를 마케팅 엔진으로 활용하는 사례를 구축하기 위해 스포츠웨어 브랜드 언더아머와 협업한 것도 그런 맥락이다. 그들은 자신의 전문성을 바탕으로 다른 산업과 협업해서 모방하기 어려운 독창성과 혁신을 만들어내 기존 산업을 잠식해 나가고 있다.

오늘날의 혁신은 기존 사업 내의 게임이 아닌 산업 간의 경계에서 탄생하고 있다. 이러한 분위기 속에서 비즈니스의 판도를 바꾸는 리더는 과거에 축적된 경험이나 한 분야의 전문성에 매몰되지 않고, 서로 다른 전문성과 영역들을 통합하여 인사이트를 이끌어내고 빠른 실험을 시도하는 리더들이다. 나는 이런 리더십을 '편집의 리더십'이라 부르고 싶다. 그렇다면 어떠한 노력을 해야 편집의 리더십을 갖출 수 있을까?

편집의 리더십을 키우는 사고와 태도

첫째, 무엇보다 '학습 민첩성(Learning agility)'을 갖추어야 한다. 자신의 전문적 영역뿐만 아니라 경계에 있는, 또는 전혀 다른 영역의 지식을 습득하고 적용해보려는 의지와 학습에 대한 열정이 있는지가 중요하다. 학습 민첩성은 경험으로부터의 학습 능력과 의지이며, 그 결과 낯선 상황에서도 학습한 것을 빠르고 유연하게 실천하고 적용할 수 있는 능력이다. 이는 미래 리더로 성장하는 데 결정적 영향을 미치는 요인 중 하나다. 세계적인 리더십 연구 기관인 CCL(Center for Creative Leadership의 약자)에 따르면, 학습 민첩성은 리더로서의 성공 여부에 대한 가장 예측력 있고 일관성 있는 지표로 특히 지능, 인지력, 성격적 요건보다 더 중요하다고 한다.

둘째, 파트너십의 역량이다. 자신의 영역에 속하는 산업 내 전문가들과의 네트워크를 적극적으로 구축하고 관계를 맺을 뿐만 아니라, 전혀 다른 영역의 사람들과도 사업적 기회를 모색하는 것을 주저하지 않아야 한다. 4차 산업 혁명 시대에 기업 내부의 전문성을 넘어선 외부와의 파트너십은 선택이 아니라 필수다. 이를 위해서는 내게 없는 역량을 쌓으려고 애쓰는 대신 외부에서 가져다 쓰는 유연성도 필요하다.

파트너십이 강한 리더들은 자신의 조직과 맡은 일에만 매몰되지 않고 폭넓은 시각으로 다른 분야의 혁신적 사례에도 관심을 갖는다. 이 과정에서 자신의 일과 연결할 수 있는 기회들을 발견한다. 리더에게 근면 성실한 업무 태도는 물론 중요하다. 하지만 그것만으로는 혁신의 주역이 될 수 없다. 의도적으로라도 다른 조직의 사람들과 만나 네트워크를 구축하고 그들의 관심사에 적극적으로 관심을 가질 필요가 있다.

셋째는 통찰의 역량이다. 학습을 통해 최신 트렌드를 파악하고 파트너십을 맺는다 해도, 성과를 낼 수 있는가의 여부는 문제의 핵심에 집중하고 치열하게 고민해서 혁신의 통찰을 얻었는가에 달려 있다. 통찰은 정보와 인맥이 많다고 해서 생기거나 어느 날 우연히 하늘에서 떨어지는 것이 아니다. 치열한 고민과 누적된 경험, 축적된 시도와 거듭된 실패에서 얻은 결과물이다. 머릿속으로만 상상하는 것은 충분하지 않다. 직접 만나고, 함께 만들고, 과감히 시도해보는 과정에서 통찰은 피어난다.

마지막으로는 겸양의 태도다. 사람은 누구나 자기 전문성에 빠지면 고집이나 에고(Ego)가 생기기 마련이다. 그런데 협업을 하려면 자아 집착이나 아집에서 벗어나야 한다. 나의 전문성도 중요하지만 다른 사람의 전문성도 예우해주면서 상호 배울 점은 무엇인지 찾는 겸손한 태도를 갖출 필요가 있다.

이 4가지 역량을 갖춘 인재들은 끊임없는 네트워킹을 통해 편집을 시도한다. 스타트업 CEO들의 모임에 참석해보면, 그들이 얼마나 상호 연결과 새로운 시도에 거리낌이 없는지 실감하게 된다.

'나의 산업에 대한 전문성과 너의 투자가로서의 전문성, 내가 가지고 있는 리더십과 너의 서비스 정신을 합쳐서 새로운 것을 만들어볼까?'

이런 식으로 그들은 끊임없이 새로운 것을 시도하고 있다. 예전에는 새로운 것을 실험하는 데 기회비용이 컸다. 하지만 디지털 시대에는 적은 시간과 비용만으로 저렴하게 실패할 수 있다. 그러므로 빠르게 실패하고 보완하는 과정에서 또 다른 편집을 시도하여 혁신적인 결과물에 좀 더 빠르고 정확하게 다가설 수 있게 된 것이다.

스토리텔링으로
설득하라

>>>

올해 초, 최태원 SK그룹 회장이 제시한 경영 화두 중 하나는 '스토리 텔링을 통한 기업 가치의 제고'다. 재무 성과, 배당 정책 등 경제적 가치를 넘어 유무형 자산을 포괄하는 '토털 밸류(Total value)'를 제대로 알리기 위해서는 시장, 투자자, 고객 등과 소통하고 신뢰를 확보할 수 있는 '성장 스토리'가 필요하다는 것이다. 최 회장은 각 계열사마다 실정에 맞는 성장 스토리를 만들어달라는 구체적인 주문까지 했다.

리더에게 스토리텔러로서의 역할은 갈수록 중요해지고 있다. 총체적인 기업 가치 제고에 가장 중요한 무기이기 때문이다. 오늘날과 같은 탈권위의 시대에는 권위나 위계를 내세워 '나를 따르라'고 요구하기 보다는, 같은 눈높이에서 구성원에게 '고객처럼 생각하고 공감하도록 독려하고 설득하는 역량'이 무엇보다도 절실히 요구된다.

왜 스토리텔링이 중요한가

오늘날은 '어떻게(How)'가 아닌 '왜(Why)' '어디로(Where to go)'가 훨씬 더 중요한 시대다. 리더의 능력도 '왜, 어디로'에 대해 얼마나 설득력 있게 조언해줄 수 있느냐에 달렸다. "나 때는 말이야…"로 시작하는 과거 자신의 경험이나 전문성은 크게 중요하지 않다. 이런 상황에서 리더에게 중요한 덕목은 강력한 스토리텔링을 통해서 '왜 이것을 해야 하는지, 왜 중요한지'를 끊임없이 설득하는 태도다.

미래 조직에서 구성원들은 스스로 책임과 권한을 갖고 일한다. 자신만의 관점으로 시장을 읽은 후 업무를 수행하는 동안 고객과 직접 소통하고 대응한다. 리더는 이들이 자유롭게 발상하고 실행할 수 있도록 하되, 방향성을 제공하고 공감하면서 지속적으로 독려하는 역할을 한다. 이 과정에서 스토리텔링은 가장 중요한 요소다.

사람을 설득하는 스토리텔링 역량이 중요한 또 한 가지의 이유는 조직 내에서 단위 조직을 구성하는 방식의 변화에 있다. 앞서 언급한 유기체적 자기 조직화 방식의 시스템은 미래 기업 내에서 점점 더 확산될 전망이다. 이는 누군가가 자신의 비전을 제시하고 이에 관심 있는 사람들을 모아 작은 셀 단위로 조직화를 시작하고, 성장을 증명해나가며 재원과 인력을 지원받아 점차 키워나가는 형태의 조직이다.

그런데 이때 중요한 것은 나의 비전 속에 인재들이 모여들 만한 스토리가 있어야 한다는 점이다. 그들에게는 지금 내가 하고 있는 일을 그만두고 새로운 조직에 합류할 정도로, 또는 자신의 커리어 비전에 있어서도 충분히 투자할 값어치가 있을 만큼 그 일에 대한 확신이 필요하다. 그만큼 미션이나 비전이 매력적이어야 하고, 그 방법으로 가장 효율적인 것은 리더의 스토리텔링이다.

기업의 성공 신화도 고객과 시장이 스토리에 공감할 때 시작된다. 불확실성 속에 있는 기회를 찾아내 시장과 대중의 눈높이에 맞춰 설득하려면 비전과 계획만 내세워서는 안 된다. 스티브 잡스는 무엇을 만들지에 대해 생각하기 전에 '왜 만들어야 하는지'를 고민했다고 한다. 그 과정에서 이미 아이폰의 스토리텔링은 만들어진 것이다.

우리는 이러한 능력을 가진 인재를 혁신가라 부른다. 뛰어난 혁신가들은 아이디어를 빠르고 효과적으로 공유하기 위해 스토리텔링을 적극적으로 활용한다. 아직 검증되지 않은 아이디어에 변변한 기반이 없어도, 사람들을 이끌어 참여시키고 무에서 유를 창조하는 혁신가들은 예외없이 스토리텔러들이다.

스티브 잡스, 버락 오바마의 스토리텔링 설득법

이 시대의 스토리텔러를 꼽으라면 누구를 들 수 있을까? 아마 대부분의 사람들이 스티브 잡스와 버락 오바마를 떠올릴 것이다. 이들은 모두 스토리텔링의 달인이다.

잡스는 퍼스널 컴퓨터가 상용화되던 시기 모두가 성능에만 주목할 때 세련된 디자인의 컴퓨터로 사람들 마음속 깊은 곳에 있는 미적 욕구를 자극해 대성공을 거두었다. 그는 사람들이 스스로 발견하지 못하는 욕구를 정확히 읽어내 스토리화해내는 놀라운 능력을 갖고 있었다. 그가 세상을 떠난 이후에도 아이폰의 스토리는 더욱 더 고급화되고 매니아들의 욕구를 끌어당겼다. 그래서인지 스마트폰의 혁신이 진행되면서 더 편리하고 성능이 좋은 제품이 나오지만 아이폰의 독보적인 인기는 여전히 시들지 않고 있다.

흑인으로는 최초로 미국 대통령이 된 버락 오바마 또한 독보적 스토리텔러다. 그가 미국 역사에 새로운 이정표를 새길 수 있었던 비결 중 하나도 스토리텔링의 힘이다. 경희대학교 도정일 교수는 오바마의 이야기를 이렇게 분석했다.[5]

"오바마는 아프리카인도 미국인도 아닌 '쪼개진 아이(Divided child)'에 불과했지만 이름도 바꾸고, 운명도 개척해 나가면서 결국 성공한다는 전통적 '재생' 서사와 관련된 삶을 살아왔다. 이 같은 재생의 주제는 구원, 부활, 승리와 같은 기독교적 상징체계와 깊게 연관돼 있으며 '미국의 이야기'나 '미국의 꿈'과 같은 집단 신화와도 맞물려 있기 때문에 대중에게 어필할 수밖에 없었다."

최근에도 오바마 부부는 자체 프로덕션을 통해 넷플릭스에 콘텐츠를 공유하고 있다. 다큐멘터리 '아메리칸 팩토리'는 2020년 2월 아카데미 시상식에서 장편 다큐멘터리상을 받기도 했다. 이들의 스토리텔링 능력은 정치를 넘어서 미디어 시장에도 새로운 바람을 몰고 왔다.

스토리텔링은 혁신의 아이콘이 된 리더들만의 비결이 아니다. 수많은 스타트업의 성공에도 핵심적인 역할을 하고 있다. 핀테크 스타트업 뱅크샐러드는 2017년 국내 최초로 데이터 기반 개인 자산 관리 플랫폼을 선보였다. 최근에는 자영업자들을 위한 사업자 서비스 등 데이터 활용 영역을 점차 늘리면서, 2021년 초에는 연동 관리 금액 405조를 돌파하여 시장의 주목을 받았다.

뱅크샐러드의 창업자인 김태훈 대표는 회사의 주요 구성원들을 2주에 한 번씩 일대일로 만난다. 한 시간 정도의 미팅 시간 동안 나누는 주된 이야기는 '왜, 어디로 가고 있는가'로, 지겨울 정도로 똑같은 이야기를 계속 반복한다고 한다. 구성원들은 우스갯소리로 "세뇌 효과가 대단하다"고 입을 모은다. 우리의 비전이 왜 중요하고 우리는 앞으로 어디로 나갈 것인가에 대해 이야기를 나누는데, 처음에는 이해가 안 되거나 동의하기 어려운 내용들이지만 CEO와 계속 만나며 이야기를 나누다 보니 그림이 그려지고 확신이 생기더라는 것이다.

특히 '마이데이터(Mydata, 기관과 기업에 흩어져 있는 개인 정보를 확인, 활용할 수 있는 서비스)' 시대가 열리면 뱅크샐러드가 어떤 형태로 더 큰 성장을 하고 그 가운데 임직원들이 어떤 기여를 하게 되는지에 관한 이야기는 강력한 스토리텔링 역할을 한다. 김태훈 대표는 구성원들에게 마이데이터 시장이 본격적으로 열리면 뱅크샐러드의 기업 가치는 3조 원까지 성장할 것이라는 비전을 반복적으로 강조해왔다.

남다른 스토리텔링으로 주목받는 스타트업으로 화이트스캔의 사례도 인상적이다. 화이트스캔은 '사이버 위협 인텔리전스 플랫폼'을 개발한 스타트업으로 독보적인 기술력을 인정받고 있다. 안은희 대표이사는 최근 미국 〈포브스〉가 선정한 '2020년 아시아 글로벌 리더 300인'에 선정되는 영예를 안았다. 안 대표는 최근 한 언론사와의 인터뷰에서 빅 데이터 분석은 결국 '내가 가진 데이터가 남에게도 의미가 있다는 것'을 설득하는 과정이고, 그러기 위해서는 근거 있는 '이야기'를 만드는 것이 무엇보다 중요하다고 말한 바 있다.

"데이터는 그 자체로 아무런 의미가 없어요. 그것을 분석하고 가공하면서 새로운 가치가 생겨나죠. 그건 오직 '창의성'을 가진 인간만이 할 수 있는 일이에요. 데이터를 분석하는 방법도 천차만별이지만 그것을 관통하는 단 하나의 원칙은 '공감에 기반한 스토리텔링'이에요."

이들이 스토리텔링을 중요하게 여기는 것은 고객과 임직원들에게 공감과 신뢰를 줄 수 있는 가장 드라마틱한 방법이기 때문이다. 스토리텔링이야말로 자신의 생각과 아이디어에 감정과 의미를 담아 상대에게 각인시키는 최고의 기술이다.

비유와 은유,
메타포를 활용하라

스토리텔링에 능한 리더들은 주로 비유와 은유 등 메타포를 잘 활용한다. 비전도 숫자로 이루어진 목표치로 전달하는 게 아니라 듣는 이에게 영감을 줄 수 있도록 형상화해서 전달한다. 이런 소통 방식은 상대의 마음을 건드려 오랫동안 각인되는 메시지 역할을 한다.

　기업가 중에도 메타포를 적절히 잘 활용하는 이들이 있다. 그중 한사람이 바로 아마존의 창업자 제프 베조스다. 온라인 서점에서 출발해 거대 IT 기업으로 우뚝 선 아마존의 성공 비결과 원칙은 베조스가매년 고객들에게 보내는 편지에 상징적으로 잘 드러난다.

　'언제나 그렇듯이 1997년의 베조스 레터 한 부를 첨부합니다. 우리에겐 항상 데이원입니다.'

–『베조스 레터』(스티브 앤더슨 지음, 리더스북, 2019) 중에서

　2018년 베조스가 고객들에 보낸 편지의 마지막 문장이다. 이 편지에서 언급하는 '데이원'이 상징하는 의미는 무엇일까? 그는 매년

1997년의 첫 번째 편지를 언급하며 주주들에게 아마존이 언제나 첫날의 마음가짐을 잊지 않을 것임을 약속한다. 이에 대해 『베조스 레터』의 저자 스티브 앤더슨은 베조스가 편지에서 언급한 첫날, 즉 데이원의 의미는 실제 날짜가 아니라 특정 '개념'을 상징한다고 설명한다.

"첫째, 데이원은 아마존을 오늘날과 같은 성공으로 이끄는 데 기여한 모든 리더십 원칙을 상징한다. 데이원은 아마존의 직원들에게 창업 첫날의 마음가짐을 기억하고 충족시키고 심지어 그들을 행복하게 해주려는 끈질긴 집념을 보여준다. 둘째, 데이원은 모든 결정을 내릴 때 가져야 하는 사고방식이다. 아마존의 규모와 영향력으로 가능한 일뿐만 아니라 회사의 모든 직원이 각자의 상황에서 어린이가 블록을 쌓을 때처럼 기초가 안정되지 않으면 공든 탑은 쉽게 무너지기 때문이다. 그리고 무너지는 날이 '데이투'다."

이때의 데이투는 '정체 상태'를 상징하는데, 베조스는 이를 '서서히 퇴보하다가 매우 괴롭고 고통스러운 쇠락으로 이어져 죽음'에 이르는 길이라면서 '우리는 항상 데이원'이라고 강조한다. 아마존 리더십 원칙 중 가장 중요한 '고객 집착'도 베조스 편지에 잘 드러나 있다.

'저는 아마존 직원들에게 매일 아침 두려움에 떨면서 일어나라고 끊임없이 강조합니다. 경쟁자가 아니라 고객들을 두려워하라는 말입니다.'

- 『베조스 레터』(스티브 앤더슨 지음, 리더스북, 2019) 중에서

베조스는 아마존이 지향하는 바를 임직원이나 고객들이 잊어버릴 때쯤 이렇게 다시 상기시켜준다. 이는 자신들의 경영 원칙과 성공 비결을 우회적으로 강조하는 것이다. 이런 강력한 스토리텔링을 통해 임직원과 고객들에게 영감과 확신을 준다는 점에서 베조스는 이 시대 리더가 갖추어야 할 가장 중요한 역량을 가진 경영자로 꼽을 수 있다.

사람과 자본을
연결하고 확보하라

〉〉

코로나 이후 기업들의 신사업에 대한 열정은 그 어느 때보다 뜨겁다. 새로운 리더십에 부합하는 차세대 인재 확보 경쟁 역시 치열한데 '사람의 일이 곧 모든 일'이라는 점은 리셋 이후의 세계에도 변함없이 중요하다. 최근 국내외 굴지의 기업들이 새로운 변화의 물결에서 뒤처지지 않기 위해 범국가 차원의 인재 확보 경쟁을 벌이고 있다.

자본과 기술을 겸비한 대기업도 자신들이 원하는 인재를 확보하기 위해 총력을 기울이고 있는 상황인데, 창업을 준비하거나 이제 막 규모를 키워나가는 스타트업에게 사람과 자본은 얼마나 중요하겠는가?

사람과 사람의 관계에서
기회를 발견하는 능력

———

스타트업 엑셀러레이터인 프라이머의 권도균 대표는 '창업은 사람과 아이디어를 연결하고 정해진 틀을 벗어나고자 시도하고 이뤄나가는 하나의 과정이며 새로운 가치를 창조하는 기회'라고 말한다. 나 역시 수많은 스타트업의 성공과 실패를 보면서 제아무리 뛰어난 아이디어로 시작해도 그것을 함께 구현해줄 사람 없이는 성공할 수 없고, 새로운 가치로 인정받지 못하면 투자로까지 이어지지 못한다는 걸 확인하곤 한다.

(주)플래너리가 론칭한 커리어 문제 해결 플랫폼인 헤이조이스는 사람과 사람의 관계에서 비즈니스의 기회를 포착한 대표적인 사례다. 헤이조이스는 커리어 개발을 원하는 여성들에게 각종 온·오프라인 서비스를 제공한다. 이 커뮤니티에 가입하면 다양한 분야 및 연차의 멤버들과 활발히 교류하면서 모임과 이벤트 등을 통해 역량 개발, 커리어 컨설팅, 취업과 창업의 정보 공유 등 특화된 기회를 얻을 수 있다.

플래너리의 이나리 대표는 27년 동안 열 번의 이직을 한 자신의 경험을 바탕으로 이 서비스를 시작하게 되었다. 서비스 초기부터 안정적인 매출을 끌어내더니 창업 2년만에 총 29억 원 규모의 투자를 유치했다. 나는 이 대표를 만나 이야기를 나눌 기회가 종종 있는데, 그

때마다 그가 얼마나 사람을 끌어당기는 힘이 있는지 실감하곤 한다. 이 대표는 '사람을 통해서 무엇을 할 수 있을까?'를 누구보다 깊이 고민하는 사람이다. 내가 누군가에게 어떤 도움을 줄 수 있는지, 혹은 누군가로부터 내가 어떤 도움을 받을 수 있을지에 대해 끊임없이 관심을 기울이고 이야기한다. 사람과 사람을 연결시켜 새로운 기회를 만들어내는 데 탁월한 능력을 가진 게 분명하다.

콘텐츠, 공간, 커뮤니티를 활용해 '연결, 발견, 성장'을 이루고 있는 이 대표는 이 모든 게 네트워크를 활용한 덕분이라고 말한다.

"네트워크가 그 어느 때보다 중요한 시대예요. 기회는 사람과 사람의 관계에서 나온다고 생각합니다. 제 역할은 그 관계를 연결시켜서 판을 만드는 건데 그속에서 각자의 재능과 영감, 고민을 나누는 헤이조이스 같은 커뮤니티 서비스를 하게 된 거죠."

원래 기자 출신이었던 이 대표는 디캠프 초대 센터장을 역임했고, 이후 제일기획에서 투자와 신사업 총괄로 일하면서 창업을 결심했다. 그 과정에서 만난 수많은 사람들 간의 연결이 결국 오늘날의 헤이조이스를 만든 원동력이 된 것이다.

"오늘도 헤이조이스 멤버 중에 두 분이 창업한다고 연락이 왔어요. 여성이 사회적 이유나 제약으로 인해 하지 못했던, 효과적인 연결의 베네핏을 제시하는 것이 헤이조이스의 가치예요."

이는 이 대표가 헤이조이스를 창업한 후 가장 보람을 느끼는 부분이기도 하다.

이 대표는 특히 '관계의 경계가 달라졌다'는 데 주목했다. 이전에는 사람들의 행동 반경에 한계가 있었다. 생활과 커리어 방식도 특정 범주 안에서만 성장했다. 하지만 지금은 일과 생활 전반의 범위가 광범위하게 넓어졌고 기존의 밸류 체인과 산업의 장벽도 무너지면서, 일을 하며 만나는 사람의 범위와 친분상의 관계의 범위도 충격적으로 확대되고 있다. 그래서 '넓은 관계망과 자원들을 어떻게 유용하게 연결하는가'가 커리어 경쟁력 확보에 더없이 중요한 시대가 된 것이다.

"1+1=2라는 것은 사람간의 관계에서는 통하지 않아요. 50, 100이 되는 경우가 얼마든지 있잖아요. 어떤 방식으로 연결되느냐에 따라 전혀 기대치 않았던 효과와 결과를 창출하는 시대예요. 이를 좌우하는 데는 '왜, 어떻게 연결하는가' 즉 경험치와 관계망에 대한 가치관이 굉장히 중요하다고 봐요."

이 대표의 말처럼 미래의 소셜 네트워크는 역량과 취향의 결합으로 더욱 다양해질 것이다. 혈연, 지연, 학연 같은 과거의 인맥이 지금도 전혀 의미가 없는 것은 아니지만 관점이나 가치는 완연히 달라지고 있다. 과거에는 동일성의 결속을 다지는 데 주안점을 두었다면 지금은 '서로 다른 차별성을 가지고 있는 사람 간의 연결'에 방점이 있다. 이런 류의 연결은 나비효과가 있어서 그 영향력을 끝도 없이 확장해나가며 새로운 비즈니스를 무궁무진하게 창출해낼 것이다.

독서 모임 기반 커뮤니티 서비스를 운영하는 트레바리 또한 사람과 사람을 연결하는 비즈니스로 급성장하고 있는 좋은 사례다. 트레바리의 경우 코로나 상황 속에서도 2020년 11월 알토스벤처스로부터 40억 원의 투자를 유치하면서 누적 투자 규모가 90억 원을 기록했으며 회원 수는 5만 명을 돌파했다. 트레바리의 성공 비결은 다양한 연령과 직업을 가진 사람들이 모여 책을 읽고 토론하는 과정에서 정보를 넘어선 지식과 사유를 공유할 수 있기 때문이다. 트레바리와 헤이조이스처럼 사람과 사람을 연결하는 데 있어 차별적 경험을 제시하는 온라인 비즈니스는 포스트 코로나 시대에도 지속적으로 성장할 것으로 예측된다. 어쩌면 아이러니하게도 언택트 상황에서 이러한 비즈니스가 더 큰 가치를 발휘하게 될 것이기 때문이다.

굳이 창업의 경우가 아니더라도, 기업 내에서도 인적 네트워크에 능한 인재들이 각광받고 있다. 요즘 기업에서는 사내 소통의 빈도에 대한 빅 데이터를 분석해 주요한 연결 고리 역할을 하는 인플루언서들을 판별해내고, 그들에게 조직 문화 변화 또는 혁신에 다르는 변화 관리 주도자로서의 역할을 맡기기도 한다.

모험 자본, 돈을 끌어오는 능력

이제는 더 이상 혼자 일해서는 성과와 가치를 만들어낼 수 없다. 아무리 뛰어난 아이디어를 갖고 있다 해도 그 아이디어를 실행에 옮기는

데 함께할 전문성을 가진 사람들을 찾아 동참시키는 것이 우선되어야 한다. 또한, 함께 할 동료를 찾았다고 해도 아이디어 실현을 가능하게 할 자본을 유치할 수 없다면 결국 임팩트 있는 비즈니스에 이르기 어렵다.

사실 예전에는, 특정한 경우에 있어 투자받는 것을 부담스러워하는 경향이 있었지만 요즘은 분위기가 사뭇 다른 것 같다. 기업의 가치를 평가하는 관점 자체가 급격히 변모하고 있기 때문이다. 일례로 최근 나스닥 상장에 성공한 쿠팡은 상장 초기 무려 100조에 육박하는 기업 가치를 인정받았다. 그런데 쿠팡은 설립 이후 단 한 번도 적자를 벗어난 적이 없다. 엄청난 규모의 유동성 위기에 몰린 적도 한두 번이 아니다. 그런데 어떻게 이렇게 어마어마한 가치를 인정받을 수 있었던 것일까? 여러 이유들이 있겠지만 가장 주요한 이유로는 결국 쿠팡 플랫폼에 대한 고객 충성도가 가속화되고 있기 때문이다. 쿠팡을 사용한 고객들이 쿠팡 없이는 단 하루도 살 수 없는 시점까지 엄청난 규모의 자본을 쏟아부어 살아남기만 하면, 쿠팡은 아마존처럼 그 플랫폼 위에 다양한 비즈니스를 얹어 더욱 더 큰 고객 지배력을 발휘할 수 있는 존재가 될 수 있기 때문이다. 즉, 지금의 적자가 오히려 미래의 성장성을 증명하고 있다는 것이다. 요즘 마켓에서는 심지어 수익을 따박따박 내는 기업은 제대로 미래에 대한 투자를 하지 않고 있다는 의미라서 더욱더 저평가된다는 이야기까지 들린다. 패러다임의 전환기, 기업들의 가치는 현재의 수익이 아니라 미래에 얼마나 더 크고 불가능해보이는 꿈을 가져와 내 것으로 스토리텔링을 할 수 있느냐에 달려 있다.

이런 기업들에게 투자하려는 자본의 종류가 다양해진 만큼 접근성도 확대되고 있다. 국내 벤처캐피탈 시장도 엄청나게 활성화되었고 정부가 창업 생태계에 붓는 돈도 엄청나다. 실제로 스타트업 및 청년 지원과 관련하여 수많은 제도와 지원, 기금들이 존재한다. 이렇게 다양한 루트로 자본을 끌어들이고 연결해 꿈의 규모를 키워갈 수 있는 사람과 그렇지 않은 사람의 결과는 불과 몇 년 안에 완전히 다른 수준의 결과를 가지고 온다.

남다른 비전과 그것을 실현시킬 수 있는 스토리텔링을 갖고 있다면, 팀을 구성할 수 있고 투자자들을 찾아 제대로 판을 펼칠 수 있는 환경이다. 따라서 리더에게 사람과 돈을 연결하는 커넥터로서의 역량은 점점 더 중요해질 것이다.

새로운 것을 빠르게
학습하고 실천하라

$\gg\rangle$

비슷한 시기에 같은 회사에 입사한 사람들 중에 리더로 성장하는 사람과 그렇지 않은 사람의 차이는 무엇일까? 그 변별 요인 중 하나는 '학습 민첩성' 여부에 있다. 여기서 학습 민첩성이 뛰어난 인재란 변화에 유연하고 멘탈을 잘 관리할 수 있고, 경험에 대한 개방성이 있는 사람을 일컫는다.

대개의 사람들은 자신의 경험치를 넘어선 사고를 할 수 없다. 그래서 학습이 필요하다. IT 기술의 발달로 더욱 역동적으로 변화하는 비즈니스 환경에서 뒤처지지 않으려면 '학습 민첩성'이 필수다. 이는 앞서 '편집의 리더십'을 갖추기 위한 조건 중 한 가지로도 제시한 바 있다. 학습 민첩성은 개인적인 학습 역량과 의지로 새로운 상황에 효율적으로 대응하는 능력이자, 끊임없이 새로운 것을 학습하고 유연하게 실천하는 자세라 할 수 있다.

'학습 민첩성'이란 무엇인가

학습 민첩성의 구성 요소와 이론에 관해서는 여러 이론이 있다. 그중에서 잠재력을 가진 인재를 선발하기 위한 목적으로 학습 민첩성을 연구한 롬바르도와 아이킨거의 이론을 인용해서 살펴보면, 학습 민첩성은 크게 4가지 구성요소로 이루어져 있다.[8]

첫 번째는 '심리적 민첩성'이다. 자기 자신에 대해 잘 알고 경험을 기반으로 학습하며, 급변하는 상황 속에서도 침착하게 대응하고 위기 때는 회복력이 남다른 사람이 갖추고 있는 능력이다. 타인을 이해하기 위해서는 '나는 누구인가'를 아는 게 중요하다. 학습을 할 때도 마찬가지다. '내가 그것을 어느 정도 이해하고 있는가'라는 자기 인식에서 출발해야 지속적으로 학습하고 성과를 낼 수 있다. 이러한 심리적인 민첩성이 있어야, 낯선 상황이 닥쳤을 때 당황하지 않고 분석적이고 논리적으로 사고하면서 상호 인과 관계를 살펴 새로운 아이디어를 떠올릴 수 있다.

두 번째는 '사람에 대한 민첩성'이다. 힘든 상황에서도 남다른 결과를 만들어내고 타인의 신뢰를 얻을 수 있는 존재감을 갖는 사람들이 갖고 있는 능력이다. 사람을 이해하려고 노력하는 포용력은 중요하다. '뭐 저런 사람이 있어? 말도 안 돼'라고 나와 다른 생각과 태도를 가진 사람을 배타적으로 대하는 것이 아니라 '대체 왜 저렇게 생각하는 걸까? 저런 주장의 배경은 무엇일까?' 하고 타인의 입장이 되어 이해해보려고 노력하는 것은 새로운 가능성을 발견하는 적극적인 태도라 할 수 있다.

세 번째는 '변화에 대한 민첩성'이다. 이는 문제를 새로운 관점으로 바라보고 변화에 스트레스를 받는 대신 호기심을 갖고 작은 실험들을 반복하면서 새로운 것들을 과감히 시도해보는 능력이다. 사실 변화에 유연하기란 쉽지 않다. 하지만 이 역시 학습을 통해 개선해나갈 수 있다. 학습 능력은 뇌의 가소성(Plasticity)이 핵심이다. 가소성은 새로운 걸 배우면 이후 비슷한 걸 접했을 때 전보다 더 잘 반응하는 특성을 말한다. 인지 가소성이 높다는 것은 빠르게 뇌세포 뉴런이 연결되면서 학습 능력이 올라가고 새로운 것을 받아들이는 데 유연하다는 의미다. 그런데 똑같은 방식으로 세상을 인지하고 기존에 내가 알던 정보 내에서만 사고하면 뇌 가소성이 줄어들게 된다. 그래서 변화에 유연해지려면 새로운 걸 계속 접하기 위한 노력이 필요하다. 새로운 분야의 사람들을 만나거나 책을 읽는 등 일상 속에서 끊임없이 새로운 걸 시도해야 가소성이 줄어드는 것을 방지하고 외부 자극에 민첩하고 탄력적으로 반응해야 한다.

네 번째는 '결과에 대한 민첩성'이다. 결과 민첩성은 목표 달성에 대한 의지와 열정이 높고, 어려운 조건에서도 승산이 낮을 수 있는 일에 도전하여 결국 결과를 만들어내는 역량을 의미한다. 결과 민첩성이 높은 사람들은 어려운 상황에서도 고성과 팀을 만들고 혁신을 이끌 수 있다. 이들은 확실한 존재감으로 조직과 타인에게 동기를 부여하는 역할을 한다.

학습 민첩성이 높은 사람은 어떻게 위기에 대응하는가

"분명히 말씀드리지만 우리 회사가 직원들과 작별하는 순간은 회사와 가치가 안 맞거나 직원들이 개인의 꿈을 찾아갈 때입니다. 절대로 회사가 어려울 때가 아닙니다."

코로나로 경영 상황이 악화된 2020년 초, 센트럴그룹에도 위기가 닥쳤다. 센트럴그룹은 경남에 기반을 둔 자동차 부품 산업의 중견 그룹사다. 당시 강상우 총괄 책임 사장은 가장 먼저 자신의 연봉을 50% 삭감하고, 동요하는 임직원들에게 일자리와 급여 변화는 일체 없을 거라는 약속과 함께 경영자로서의 메시지를 명확하게 보냈다.

각 기업마다 코로나로 인해 주어진 가장 큰 과제는 기업의 생존과 직원들의 안전 그리고 성장 모드 전환이었다. 강상우 사장은 이 세 가지 과제를 해결하는 데 있어서 가장 중요한 것은 직원들이 심리적으로 안정감을 찾는 것이라는 데 주목해서 이를 최우선 과제로 삼고 발빠르게 움직였다.

"코로나가 우리 회사에 어떤 영향을 줄지 빠르게 파악하고, 대응전략을 시나리오별로 수립해서 직원들과 공유했어요. 자동차 산업이 받을 영향에 대해 전 세계에 떠돌아다니는 거의 모든 자료와 뉴스를 밤새 읽고, 자동차 산업에 경험이 풍부한 베테랑 경영자들과 논의해서 최악의 시나리오를 정했어요. 그러면서 매출이 떨어지더라도 살아남을 수 있도록 자금을 미리 확보했습니다."

뛰어난 '변화 민첩성'을 발휘해 다른 기업들보다 한 발 앞서 코로나 위기에 대응한 결과, 센트럴그룹은 타 기업들이 자금을 빌리기 위해 모여들기 전에 자금을 확보할 수 있었다. 그리고 그 자금으로 얼마나 버틸 수 있는지 확인한 후, 전체 직원들과 현재 회사가 직면한 상황과 앞으로 벌어질 시나리오 그리고 회사의 전략을 공유한 것이다.

그러면서 동시에 직원들의 안전과 심리적 안정을 위해 방역 수칙을 만들어 시행하고, 그 어떤 기업보다 빨리 2020년 2월 말부터 재택근무를 시행했다. 이후 코로나로 인해 실적이 좋지 않아도 직원들은 크게 동요하지 않았고, 2020년 6월부터는 서로 합심하여 성장을 위한 새로운 드라이브를 걸 수 있었다. 강 사장은 이 모든 것을 준비하고 결정하고 공유하기까지 걸린 약 한 달간을 '피 말리는 시간'이었다고 말했다.

이렇게 빠르고 투명하게 직원들과 커뮤니케이션을 하고, 각종 조치를 명확하게 내릴 수 있었던 것은 그의 학습 민첩성이 남달랐기 때문이다. 그는 젊은 리더로서 본인의 학습 민첩성을 회사 경영 전반에 적극적으로 적용하고 활용하는 데 탁월함을 보여주었다. 코로나 난관 전에도 센트럴그룹은 외부로부터 새로운 기술과 정보를 들여와 배우기 위해 노력했고, 이를 작은 부분부터 빠르게 적용해나갔다.

그 결과 전기차 시대를 대비하며 친환경 경량화 부품의 매출 확대를 이끌어냈고, 글로벌 유수의 전기차 브랜드들에 '알루미늄 컨트롤 암(Aluminum control arm)'을 독점 공급하는 쾌거를 이뤘다. 그는 본사가 있는 창원에서 서울로 주말마다 올라와서 다양한 분야의 창업자들과 경영자들을 만나며 새로운 트렌드를 끊임없이 학습하고, 이를 실제 자동차 부품 제조사의 경계를 벗어난 사업 기회들로 연결시키고 있다.

학습 민첩성이 높은 리더는 기존에 쌓아온 노하우와 성공 방식이 새로운 환경에서도 효과적일지 늘 고민한다. 열린 자세로 누구와도 기꺼이 피드백을 주고받기 때문에 도전을 주저하지 않게 된다. 현재에 머물지 않고 지속적으로 시장 내 트렌드와 인재들을 파악하고, 나이의 많고 적음에 상관없이 찾아가 배움의 대상으로 삼는다.

5장

내 안의 잠재력을
끌어올리는
마인드 리셋

언제나 변화의 경계를 넘는 일은
고통을 수반한다.

하지만 기존의 관습을 과감히 끊어내고
변화를 받아들이는
뉴 프로페셔널을 중심으로
새로운 일의 질서가
리셋될 것이다.

나의 일터와 영역을
능동적으로 바꿔라

예기치 않게 찾아온 코로나19는 단기간에 일터를 다른 모습으로 변모시키며 변화의 속도를 높였다. 지난 몇 년간 그토록 강조해왔음에도 지지부진하던 원격 근무와 스마트 워킹이 단 일 년 만에 단단하게 자리를 잡은 것이다. 변화는 여러 분야에서 아주 빠른 속도로 진행되었다. 비대면 문화가 활성화되고, 원격 근무 및 원격 교육, 디지털화 등으로의 전환이 빠르게 이뤄졌다.

새로운 일의 방식으로
리셋하라

이러한 변화들은 어느 날 갑자기 떨어진 날벼락 같은 일이 아니다. 이미 오래전부터 다양한 시그널이 있었다. 모른 척하거나 알면서도 실행을 늦추어왔던 변화들이 코로나19라는 불쏘시개로 인해 속도가 급속히 빨라졌을 뿐 지금 이 변화는 언젠가는 맞아야 할 것이었다.

세계의 석학이나 경영 구루들, 그리고 전문가들은 이런 흐름은 되돌릴 수 없으며, 코로나 이후의 세계는 이전과 완전히 달라질 것이라고 전한다. 또한 이러한 위기와 변화가 언제든 반복될 수 있다는 점도 강조하고 있다. 세계화, 도시화, 기후 변화 등은 전염병을 더 빈번하게 만들어 새로운 바이러스를 등장시킬 수 있다. 바이러스만이 아니다. 이미 세계의 정치, 경제 그 외 모든 분야가 분산화, 분권화하며 탈중앙화의 방향으로 이동하고 있다.

이는 산업과 일자리의 지각 변동을 동반한다. 그런 이유로 기업들은 언택트 상황에서의 근무 환경과 일하는 방식을 가장 빠르게 현장에 적용시켜야만 하는 변화를 겪었다. 옥스퍼드 대학교의 칼 베네딕트 프레이와 마이클 오즈번 교수는 '고용의 미래'라는 논문에서 '20년 안에 현존하는 직업의 47%가 위험에 처할 것이다'라고 언급했다. 그리고 최근 맥킨지 역시 머신 러닝, 인공 지능, 로봇 공학, 3D 프린팅 등의 기술 발달로 현재 일자리의 45%가 자동화될 것이라고 예측했다. 이 예측대로 진행된다면 기술의 발전으로 위협받는 일자리는 더 많아질 수밖에 없다. 단순 업무 종사자나 생산직에 근무하는 블루칼라 노동자, 오퍼레이터, 농부 등은 가장 먼저 위협받을 것이다.

교육 분야도 다르지 않다. 실제로 학령 인구 감소와 대학 학위 무용론이 맞물리면서 세계적으로 대학 진학률이 현저히 떨어지고 있는 실정이다. 대학뿐 아니라 초·중·고등학교에서도 원격 수업과 온라인 강의가 활성화되면서 점점 자리를 잡아가고 있다.

이제 코로나 이전으로, 즉 과거로 돌아갈 수 없다는 것은 명백한 사실이 되었다. 그렇다면 이러한 변화를 어떻게 받아들여야 할까? 인류를 덮친 팬데믹의 충격은 삶의 모든 측면에 파장을 일으켰지만 그것이 꼭 비극이나 불행과 동일한 개념은 아니다.

피할 수 없다면 올라타야 하는 법이다. 코로나 블루(코로나로 인해 사람들이 느끼는 우울감)는 코로나 이전으로 돌아가고 싶은데 그럴 수 없음을 깨달을 때 느끼는 감정일 수 있다. 오히려 현실을 받아들이고 더 나은 미래를 위해 새로운 삶의 태도와 방식, 시스템을 마련해 재구성하고 재설정할 필요가 있다. 역사를 거슬러 살펴보면 인류는 언제나 위기와 자극, 환경의 변화 속에서 발전하고 진화해왔다. 지금의 위기는 분명 힘겹고 고통스럽지만, 역설적으로 말하자면 패러다임의 전환을 가져오는 또 다른 기회이기도 하다.

위기 속에서도 승승장구하는
기업과 개인의 비밀

—

전 분야에서 급속하게 맞아야 했던 변화에 일시 당황한 듯이 보였지만, 우리는 빠른 속도로 적응해나가고 있다. 최근 한 HR플랫폼에서 실시한 조사에 따르면 '언택트와 인력 효율화' 등의 변화를 시도한 기업의 92%가량은 이러한 변화를 통한 기업경쟁력 강화를 체감하고 있다고 대답했다.

또 다른 시장 조사 전문 회사인 엠브레인트렌드모니터가 전국의 만 15~64세 남녀를 대상으로 조사한 결과, 대다수가 코로나19로 인해 초래된 라이프 스타일 변화에 익숙해졌다고 대답했다. 대표적으로 온라인 쇼핑이나 무인점포, 무인 판매의 이용이 이전보다 익숙해졌고, 재택근무와 유연 근무제를 더 긍정적으로 바라보게 되었다. 재택근무가 필수적이라는 응답이 과반수 이상을 차지했고, 원격 교육이 필수라는 반응도 60%에 육박하는 등 수용도가 매우 높다는 것을 알 수 있다. 한국에서 코로나 이전에 재택근무를 했던 경험 비율이 0.1% 수준이었던 것을 생각하면 매우 놀라운 변화다. 실제로 원격 근무자의 75%는 팬데믹이 끝난 후에도 원격 근무나 탄력 근무제를 계속하기를 원했다.

개인과 기업 모두 원격 근무를 직접 경험해봄으로써 그 효용성을 여실히 체험했다. 개인은 통근하는 데 불필요한 시간을 쓰지 않아도 된다는 사실을 깨달았고, 회사는 굳이 비싼 임대료를 내며 거대한 오 프라인 사무 공간을 유지하지 않아도 생산적이고 자율적인 온라인상 의 근무 환경을 구축할 수 있음을 알게 되었다.

물론 긍정적인 결과만 있었던 것은 아니다. 급격한 변화는 위기와 기회를 동반한다. 1년 남짓한 기간 동안 특정 산업과 인력들은 어려 운 여건에 무너지고 대체되었다. 특히 항공과 여행, 외식업 등에 종사 하는 사람들은 누구보다 어려운 한 해를 보냈다. 그런데 흥미로운 것 은 그러한 위기 가운데서 각자의 선택과 미래는 사뭇 다르게 결정된 다는 점이다. 누군가는 수년간 해온 사업을 접는가 하면, 누군가는 빠 르게 방향을 전환했다. 그런 변화를 통해 단순한 생존을 넘어 더 큰 성장의 기반을 마련한 곳들도 있다.

팬데믹의 영향으로 특히 여행, 항공, 숙박 업계는 직격탄을 맞았다. 국내에서 가장 규모가 큰 여행사인 하나투어는 지난해부터 무급 휴 직을 시행해왔으나 올해 초, 결국 희망퇴직을 실시하기로 결정했다. 경영난이 심화돼 결국 인력 감축에 나선 것이다. 업계의 심각성을 여 실히 드러내주는 상징적 사례다.

하지만 이와 상반되는 행보를 보이는 기업도 있다. 여행 스타트업 인 마이리얼트립은 위기 속에서도 놀라운 성장세를 보이며, 2018년 도 대비 2020년 거래액이 세 배 늘어난 3,600억 원을 기록했다. 위기 를 돌파할 해법으로 그동안 소외돼 있었던 국내 시장으로 눈을 돌린 것이다. 국내 상품을 두 배로 늘렸고, 항공, 숙박, 투어와 액티비티 등의 상품군을 빠르게 확보해 자유 여행에서는 얻을 수 없는 고객 편의와 메리트를 제공했다. 현재 2,000여 개의 다양한 국내 투어 상품을 판매하고 있으며 랜선 투어 등의 비대면 여행 상품은 매진 사례를 겪기도 했다. 무엇보다 국내 여행 매출은 코로나19 발생 전 대비 오히려 4배 넘게 성장했다고 한다.

외식업도 마찬가지다. 손님이 줄어들면서 속속 문을 닫는 가게들이 많지만 그 안에서 새로운 활로를 모색하는 곳도 많다. 외식보다는 '가정에서의 안전한 식사'를 선호함에 따라 배달 서비스를 이용하거나 가정 간편식, 밀키트 등으로 음식을 조리해 먹는 일이 늘고 있다. 이러한 생활 방식과 소비 패턴의 변화를 빠르게 감지하고, 사업을 전환한 곳들은 오히려 성장하기도 했다. 운영하던 식당을 아예 HMR 전문 회사로 전환해 제조 인력 및 인프라에 투자하여 코로나 시대에 파격적 성장을 만들어내는 젊은 외식 창업가들 또한 늘어나는 추세다.

이처럼 코로나에도 끄떡없는 기업들은 무엇이 다른 걸까? 결국 중요한 것은 고정된 일터나 일하는 방식에 머무르지 않고, 능동적으로 업(業)과 일의 본질을 들여다보는 데 있다. 업의 본질을 알아야 어떤 측면에서 변화하고 혁신해야 할지도 알 수 있기 때문이다. 이러한 역량은 기업뿐 아니라 개인들에게도 필요하다.

미래 인재에게 중요한 역량은 이러한 환경 변화가 일터에 있어 어떠한 변화를 만들어내는지, 그 본질을 이해하고 통찰하는 '상황 인식 능력'이다. 자동화와 코로나의 여파로 5년 안에 전 세계에서 8,500만

개의 일자리가 사라질 수 있다는 통계도 있다. 세계 경제 포럼 WEF이 글로벌 위주의 기업들을 상대로 한 여론 조사 결과 응답 기업의 40% 이상이 "기술 통합으로 인력을 줄일 예정"이라고 답했다고 한다.¹ 실제로 산업 혁명 후 처음으로, 생긴 일자리보다 없어지는 일자리가 많아지기 시작했다는 분석도 포함됐다.

그렇다면 우리는 이제 어디에서 일할 것인가? 어떠한 직업을 갖게 될 것인가? 미래에 더욱 각광받거나 활성화될 일자리, 점점 소퇴해 사라질 일자리에는 어떤 것들이 있을까?

성장과 기회의 확률이 높은 일터를 찾아라

LG경제연구원은 우리나라 일자리의 43%가 AI로 대체될 것이라고 발표했다.² 특히 판매직 비율이 높은 유통업계 일자리 다수가 AI로 대체되는 고위험 직군에 속하는 것으로 나타났다. 매장 판매 종사자, 방문 노점 및 통신 판매 관련 종사자가 대부분이 일자리를 잃을 위험에 처했으며, 이미 무인 계산대, 무인 편의점, 로봇 카페 등으로 대체 중이다.

그뿐 아니다. 업종이나 분야와 관련 없이 저숙련·중숙련 중간 관리자들이 자리를 잃을 확률이 높다. 개발자들을 구하는 것은 하늘의 별따기인 반면, 필드를 떠나 실무 능력이 쇠퇴한 중간 관리자들은 구조 조정 일순위가 되고 있다. 그렇다면 답은 명확하다. 아직 어느 산업에서 커리어를 시작할지 고민하는 인재라면, '어느 영역으로 진출할 지(Where to play)'에 대해 전략적으로 미리 가늠해보아야 한다.

미 노동부가 발표한 2029년까지의 고용 전망 보고서를 보면 앞으로 10년간 증가율이 높은 10개의 직업 중에 8개가 헬스케어와 IT산업 관련 직종이다. 독일에서는 전기차 분야 엔지니어 및 연구 인력이 유망 직종으로 손꼽혔고, 프랑스 국가 고용 공단에서는 데이터 전문가, 디지털 홍보 및 커뮤니티 매니저 등을 미래 유망 직군으로 꼽았다. 전 세계적으로 ICT 분야와 의료·헬스케어 산업 수요가 늘어남에 따라 관련 산업에 대한 투자 및 기대는 폭발적으로 증가하는 추세다. 이와 맞물려 인재 채용 등의 시장 또한 확장되고 있다. 소프트웨어, 인공 지능, 로봇 등 ICT 산업과 헬스케어 산업의 경우 코로나에 대비한 인력이 준비되지 못한 탓에 그 어느 때보다 인재 공급이 부족한 실정이다.

또한 앞에서도 언급했듯이 많은 미래학자들이 학교를 대체하는 교육 사업을 혁신 산업으로 예측하고 있다. 미래학자이자 다빈치연구소 소장인 토마스 프레이 역시 2030년도가 되면 인구 감소 등으로 현재 대학의 50% 정도가 문을 닫게 될 것이라고 했다. 대면 교육 및 학벌 중심 교육 문화에서 벗어나 새로운 형태의 교육 기업이 등장해 또 다른 시장을 형성할 수도 있다.

앞서 긱 이코노미의 흐름에서도 설명했듯이 프리랜서, 즉 비정규 계약직 형태의 일자리가 가까운 미래 인력 시장의 새로운 표준이 될 것이다. 게다가 원격 근무는 지역과 국적에 관계없이 전문성을 지닌 인재라면 더 많은 기회를 가질 수 있고, 회사 입장에서는 전 세계의 노동력을 모두 활용할 수 있다는 장점이 있다. 이는 개인과 회사 모두에게 광대한 시장이 열렸음을 의미한다. 기업은 경쟁력을 높일 수 있고, 구직자는 자신의 능력에 맞는 일자리를 언제 어디서든 구할 수 있다.

이런 현상이 보편화되면 회사는 원격 근무하는 프리랜서를 잘 활용할 수 있는 일하는 방식을 고도화시키려 할 것이고, 숙련된 프리랜서들의 가치와 급여는 급등할 것이다. 한 연구에서는 2027년까지 미국 노동력의 50% 이상이 프리랜서 형태로 대체될 것으로 전망하기도 했다.

이처럼 노동 시장에 새로 진입하는 인력들이 성장과 기회의 확률이 높은 산업을 타깃팅하는 것은 자연스럽고 당연한 일이다. 하지만 기존 산업 내에서도 혁신과 성장의 길을 모색하고 확보하는 노력이 필요하다. 어떠한 산업에 종사하든 일과 사업을 대하는 태도나 마음가짐이 예전과 달라져야 한다는 것만은 분명하다. 그렇다면 어떠한 마인드셋 변화가 필요할까?

외부의 잣대나 평가에 의존해 이리저리 휩쓸리기보다 자기 기준과 내면의 가치를 분명히 할 필요가 있다. 그러나 미래의 생존을 위해 이것만으로는 부족하다. 흔들리지 않는 자기중심을 갖고 있되 변화의 바람과 물결을 타고넘는 유연함이 있어야 한다. 더불어 자신과 주변 사람들 간의 느슨한 연대와 연결을 통해 커리어 안전망을 구축하는 것이야말로 우리에게 필요한 마인드셋 변화의 핵심이다.

미래 인재가 되려면 완벽주의부터 버려라

>>>

무방비 상태에서 맞닥뜨리게 된 코로나19로 인해 운영이 어려워진 회사들은 인원을 축소하거나 잠정 휴업 상태에 들어갔으며, 폐업하는 회사들도 늘어나고 있다. 일자리를 잃거나 경제적 어려움에 처한 사람들 역시 늘어났다. 갑작스레 찾아온 위기는 사람들로 하여금 커리어를 떠나 생존 자체에 대한 고민을 하게 만들었다. 그렇다면 이처럼 위급하고 불안한 상황에서 먼 미래를 내다보려는 노력이 의미가 있을까? 또 커리어 계획을 세워 철저하게 준비하고 도전한다는 게 의미가 있을까? 또한, 도전한다고 해서 좋은 결과를 기대할 수 있을까?

일단 실천하고
수정 방향을 찾아라

—

과거 글로벌 컨설팅 펌에서 근무하면서 인상 깊었던 경험이 있다. 세계적인 소비재 회사를 위해 글로벌 팀과 한국 팀이 함께 일하면서 보고서를 준비했는데, 한국 팀에서는 되도록 모든 보고서를 완결형으로 가져가려고 했다. 어떻게 하면 고객사가 생각지 못한 분석 결과를 안겨줄 수 있을까를 고민하면서 말이다. 그런 결과를 들고 가 발표 자리에서 고객사를 만족시키는 것이 일의 초점이었다.

그렇게 한국 팀에서 몇 주를 일하다가 고객사의 본사가 있는 미국으로 날아가 글로벌 팀에서 같이 일하게 되었다. 고객사에게 프로젝트 중간보고를 하기 전날이었다. 그런데도 보고서에는 여전히 '진행 중'이라고 표시된 빈 장표들이 많았다. 나는 걱정스런 얼굴로 오늘 밤을 새서 그 장표들을 채울 예정인지 담당 파트너 컨설턴트에게 물었다. 그러자 그녀는 웃으면서 "내일 중간보고 하면서 고객사의 의견을 듣고, 장표에 기록해둘 예정이에요"라고 말했다.

그녀는 실제로 그렇게 했다. 고객사 역시 의견을 주고받으며 소통하고, 자신들의 의견을 반영시키는 자리로써 중간보고회를 활용하고 있었다. 완벽히 준비된 대답, 완벽히 준비된 프리젠테이션을 준비하는 데 집중해왔던 나에게 그날의 경험은 신선한 충격으로 다가왔다. 있는 그대로 소통하는 것, 그것을 통해 고객의 시각을 반영할 수 있는 기회로 삼는다는 것이 일에 있어 중요하다는 것을 배운 자리였다.

한국 사람들은 무엇이든 철저히 준비하고 시작한다는 개념이 유독 강한 듯 보인다. 우스갯소리로 학창 시절을 포함해 10년 이상 영어에 투자하고도 영어 실력이 부족하다는 이유로 해외여행을 꺼리는 사람들이 있다고 한다. 창업 준비만 수십 번 넘게 했다는 이들도 있다. 매번 이것저것 창업 아이템을 고민해보고, 빈틈없이 계획도 세워본다. 그렇게 하면서도 여전히 준비가 덜 되었다는 생각에 끊임없이 보완하고 나서 확신이 들 때야 비로소 도전하려 한다. 하지만 준비에 투자하다 정작 적기를 놓쳐버리기 일쑤다. 지금처럼 변화가 빠른 시대에는 더욱 그렇다. 완벽하게 준비해 창업에 도전했는데, 이미 그 분야가 하락세거나 트렌드가 지나버렸다면 무슨 의미인가?

애자일 선구자이자 코치, 작가로 활동 중인 헨릭 크니버그가 애자일의 MVP(Minimum Viable Product의 약자, 고객 가치를 전달하도록 제작된 가장 최소 단위의 사물) 개발을 예시로 들며 설명한 자동차 그림은 이러한 마인드의 변화를 잘 보여준다. 자신의 머릿속으로 완벽한 자동차를 상상하면서 그것을 그대로 구현하고자 하는 개발자에게는, 생각했던 완벽한 자동차가 나타날 때까지 프로세스의 전 과정이 지난한 고난과 검증의 시간이다.

그러나 우리는 다른 방법을 택할 수 있다. 먼저 작은 보드를 만들고, 방향을 조정하기 위해 손잡이와 방향키를 달아본다. 앉아서 운전이 가능하도록 바퀴를 크게 달아보고, 그러다 속도를 더 내기 위해 모

Not Like This!

Like This!

헨릭 크니버그가 애자일의 MVP 개발 과정을
예시로 들며 설명한 자동차 그림

터도 달아본다. 그 과정에서 상품이 갖는 가치를 점점 확장시켜나갈 수 있다. 완벽한 자동차가 단숨에 나타나지 않아도, 새로운 탈 것에 대한 기대감과 점점 가치를 더해가는 과정 자체를 즐기게 된다. 그러다 보면 처음 머릿속에 그렸던 완벽한 자동차보다 훨씬 더 멋지고 힙한 자동차를 만들어낼 수 있는 행운까지 찾아올지도 모른다. 혁신은 머릿속으로 생각했던 것을 강박적으로 구현하는 과정이 아닌, 현재의 것을 조금 다르게 만들어보려는 관점의 전환과 여유에서 찾아온다.

과거처럼 예측이 가능한, 선형적으로 성장하던 시대에는 '치밀한 계획이 그나마 리스크를 줄인다'는 긍정적 측면이 있었다. 철저한 분석과 계획으로 최대한 오차 없이 일을 진행하는 것이 중요했다. 하지만 복잡성과 예측 불가능성이 팽배한 지금은 그 누구도 미래를 완벽하게 예측할 수 없다. 우리가 예상하고 계획한 대로 판이 돌아가지 않는다.

이런 상황에서 중요한 것은 시도해보고 부딪혀보는 것이다. 완벽하고 철저한 준비를 하느라 매번 타이밍을 놓치고 기회를 잃는 대신, 일단 실행한 뒤 그 결과지를 놓고 수정 방향을 찾아내야 한다.

난 원래 똑똑했어 vs 난 더 성장할 수 있어

어떤 일에 도전하기 위해서는 마인드셋을 어떻게 하느냐가 매우 중요하다. 그에 따라 일을 대하는 태도와 방법, 그 결과까지 달라지기 때문이다. 스탠퍼드대학교 심리학과의 캐럴 드웩 교수는 고착 마인드셋과 성장 마인드셋의 개념을 처음 제시한 것으로 유명하다. 그리고 이러한 마인드셋의 차이는 최근 급변화는 시대를 살아가는 데 있어 인재들에게 요구되는 요건과도 맞물린다.

과거 우리는 대부분 고착 마인드셋이 지배하는 조직과 사회 분위기에서 살았다. 고착 마인드셋에서 중요한 건 남들에게 어떻게 보여지느냐다. 내재적 동기가 아니라 외부의 시선과 평가에 무게 중심을 두는 태도다. 그래서 일 잘하는 사람, 실수 안 하는 사람, 능력 있는 사람으로 보여져야 하며 약점이나 흐트러진 모습을 들켜선 안 된다. 타고나길 똑똑하고 일 잘하는 사람처럼 보이려 애쓰고, 노력하지 않고 잘하려 애쓰지 않았는데도 성과를 올리는 것을 멋진 것으로 여긴다.

학창 시절 이런 친구들 한 명씩은 있었을 테다. 밤새 열심히 공부했지만 아닌 척, "나 어제 잠들어서 공부 못했어"라고 말하고는 시험에서 100점 맞는 친구 말이다. 노력을 안 해도 공부를 잘한다는 것이 마치 똑똑하고 능력 있는 사람으로 여겨진다는 인식 때문이다. 이런 것이 바로 고착형 마인드셋의 전형적인 예다.

고착 마인드셋이 지배하는 문화에는 사람의 능력과 그릇이 정해져 있다는 논리가 깔려 있다. 그래서 선천적으로 똑똑한 사람은 노력할 이유가 없고, 노력이 필요하다는 것은 재능이 없는 것과 동일한 개념으로 이해된다. 남들에게 완벽해 보여야 하고 사람들에게 인정받아야 하며, 타인의 인정을 통해 자부심을 얻는다. 그뿐 아니다. 실패를 용납하지 않는 분위기니 당연히 모험하거나 도전하지 않는다. 애초 실패할 가능성을 원천 차단하기 위해 회피하거나 안전한 선택만 할 가능성이 높아진다. 이런 문화에서는 무엇보다 '꼼꼼한 사람인지, 일 잘하는 사람인지, 실수하는 사람인지, 만만한 사람인지' 등에 입각하여 다른 사람을 함부로 판단하고 단정한다.

성장 마인드셋은 그와 다르다. 흙 위에 떨어진 도토리에 물을 주고 태양이 내리쬐면 그 작은 열매가 거대한 떡갈나무로 성장할 수도 있

고착 마인드셋 vs 성장 마인드셋

상황	고착 마인드셋	성장 마인드셋
능력 발휘	사람의 그릇은 정해져 있다는 생각	얼마든지 노력에 따라 성장한다는 생각
마인드셋의 목적	타고난 똑똑함처럼 보이기	배우고 성장하는 것
도전 상황	회피하기	학습, 성장의 기회로 받아들이기
도전에 대한 반응	무기력	회복 탄력성
실패 상황	'능력 없음'으로 나의 정체성을 결정해버리는 사건	다음 성공을 위해 정보를 제공하는 시간

다는 믿음이 자리한다. 자신의 한계와 성장 가능성을 미리 규정하지 않으니 잠재력을 믿고 노력한다. 지금 부족하고 미완이라는 것을 인정한다. 그것은 무능력이 아니라 가능성이며, 그 가능성의 실현을 위해 도전과 실패를 응원한다. 누군가를 낙인찍기 위해 실패를 강조하는 것이 아니라, 한발 더 성장하는 그다음 단계를 위해서 실패를 활용하는 것이다.

물론 고착 마인드셋을 가진 사람이 성과를 내지 못하는 것은 아니다. 외부로 보이는 모습을 완벽하게 만들기 위해서라도 노력할 수 있기 때문이다. 문제는 안과 밖이 다르거나, 언행이 일치하지 못하는 데 있다. 노력하면서도 부족한 자신을 인정하기보다 감추려 하고, 무엇보다 잘못이나 실수가 드러나면 인정하지 않으려 한다. 잘못이나 실수를 인정하지 않는 것은 그 이상의 성장 가능성을 제한해 버린다는 점에서 치명적이다.

우리는 코로나19를 겪으며 수없이 많은 시행착오를 함께 경험해왔다. 인간으로서 기후 변화와 팬데믹에 대응한다는 것이 얼마나 무기력한 일인지, 인간이 얼마나 취약한 존재인지 뼈저리게 절감하는 시기를 보냈다. 그럼에도 불구하고 빠르게 실패하면서 한 걸음 한 걸음 상황을 바꾸어나가는 중이다. 초기의 실패는 학습의 기회가 됐고, 우리는 실패 앞에 무기력해지기보다는 다시 일어나 도전하고 시도하기를 반복하려고 노력했다. 그 결과 처음 예상했던 것보다 빠르게 백신을 개발해냈다. 그렇게 인류는 또 한 번의 난관을 헤쳐나가는 중이다.

전문가들은 팬데믹이나 기후 변화로 인한 재난이 앞으로 더욱 자주 찾아오게 될 것이라고 예견한다.[4] 이러한 재난과 예측 불가능한 환경 안에서 우리에게 필요한 것은 있는 그대로 상황을 바라볼 수 있는 용기와 진정성이다. 무엇보다 실패로부터 정보를 얻고 배우고 깨달으며, 다시 도전할 수 있는 회복력이다.

정답과 완벽만 추구하면
결국 망한다

———

완벽주의는 완벽하려고 노력하는 내면보다, '완벽한 그 상태에 집착하는 것'을 의미한다. 과정보다 완벽한 결과 자체를 중시한다. 그러다 보니 노력하는 과정은 생략한 채 외적으로 완벽하게 보이는 모습으로 타인의 인정을 구하려 한다.

게다가 완벽주의자들은 행복과도 거리가 있다. 대체로 완벽주의라는 것이 결핍에서 출발하는 경우가 많은데, 자신이 가진 결함이나 결핍을 보완하기 위해 반대로 완벽함에 매달린다. 또 웬만해선 만족을 모르는 데다 언제나 타인의 시선을 신경 써야 하니 내면에서 행복이 생성되질 않는다. 더 열심히 일하고, 타인을 뛰어넘고, 인정받아야 한다는 인식이 깊이 뿌리내리고 있기 때문이다.

무능력자로 낙인찍히지 않으려면 상위권에 랭크돼야 하고, 어떤 경계를 넘어서야만 한다. 타인에게 승인받는 것을 그들은 매우 중요하게 여긴다. 스스로 정해놓은 틀에 자신을 가두고 '왜 그것밖에 하지 못하느냐'고 다그친다. 어떤 완벽주의자는 심지어 완벽하게 보이지 못할 바에는 시도조차 하지 않으려 한다. 이를 역기능적 완벽주의라고 한다. 이 경우 완벽하고 싶은 마음 때문에 오히려 아무것도 하지 못하거나 일이 진척되지 못한 채 끝나버리는 상황을 유발하기도 한다. 이들에게는 내면에서 솟아나는 성장의 에너지나 스스로를 향한 응원 대신 질책과 채찍만이 존재한다. 그러니 행복감을 느낄 리 없다.

동전의 양면처럼 인생을 성공과 실패라는 이분법으로 바라보는 사람들은 대체로 성공할 수 있는 확률이 높다. 기준을 높게 잡고 스스로 다그치며 끊임없이 노력하기 때문이다. 좋게 말하자면 성과 지향성이 높다고 할 수 있다. 이런 이들이 자신에게만 높은 기준의 잣대를 들이대면 좋지만, 대체로는 타인에게도 높은 잣대를 들이댄다. 특히 리더가 되면 주변 사람들에게 완벽을 요구하는 성향이 더욱 강하게 작용한다. 집에도 가지 않고 일에만 매달리며, 회사가 요구하는 것보다 더 많은 성과를 도출해야 한다. 자신이 일에 매달리니 조직원들도 그래야 한다고 생각한다. 자신이든 타인이든 긍정적 신호와 보상으로 동기 부여를 하기보다는 닦달하고 채근하고 평가한다. 그러다 보니 이들은 실패를 받아들이기 어려워한다. 그들에게 실패의 충격은 상상조차 할 수 없을 정도로 크다. 일단 실패를 인정하지 않으려 드는 것은 당연하고, 당연히 실패로부터의 회복탄력성도 낮다.

지금은 더 이상 완벽주의자가 통하지 않는 시대다. 우리가 살고 있는 지금 이 시대, 완벽주의는 효용성이 매우 떨어지는 덕목이 되었다. 복잡계의 시대를 살아가는 우리에게, 정답이란 애초에 존재하지 않는다. 완벽한 정답이 아니라, 바로 지금 최선의 것을 시도해야 한다.

다가오는 미래는 완벽주의자가 아니라 모험하고 도전하는 사람을 원한다. 실패에서 교훈을 얻었다면, 좌절하는 대신 실패에서 얻은 것들을 디딤돌 삼아 적용해보고 다시 일어서서 도전을 반복해야 한다.

내면에 자기중심을 세우고 건강한 성공을 이루는 사람이야말로 자신의 두 발로 굳건히 서서 이 시대를 살아낼 수 있다. 자신을 힐난하고 몰아세우는 대신 긍정의 에너지로 스스로를 응원하는 사람이야말로 미래가 원하는 인재다.

회복 탄력성으로
위기의 시대를 돌파하라

〉〉〉

몇 년 전부터 혁신 기업들과 스타트업에서는 실패를 용인하는 조직 문화와 심리적 안전감(Psychological safety)을 유독 강조하고 있다. 이는 작은 일들을 실험하고 그 결과 발생하는 실패를 용인한다는 의미를 포함한다. 또한 반복되는 실험 및 실패를 통해 학습하고 더 큰 시도와 혁신이 가능한 기반을 조성한다는 뜻이기도 하다.

물론 실패를 용인하는 문화가 무조건 좋기만 한 것은 아니다. 조직이 실패를 겪는 상황에 구성원들이 자주 노출된다는 의미기 때문이다. 상당한 자율성을 갖고 도전과 모험을 감행한다는 것은 그만큼의 책임도 뒤따른다는 의미다. 따라서 구성원들은 과거보다 훨씬 더 큰 책임감과 정신적 압박을 받게 된다. 그러다 보니 의사 결정의 실패로부터 빠르게 회복하여 마음의 평정심을 유지하고, 성과 창출에 집중할 수 있는가가 매우 중요한 역량으로 자리하고 있다. 리더라면 이런 역량의 중요성은 더욱 커진다.

뉴 노멀의 실패는
성장의 가능성이다

———

정신적 압박감이나 책임감이 주는 부담, 혹은 실패나 위기 상황에 놓였을 때 가장 중요한 것은 그것을 극복하고 원상으로 되돌아오는 회복 탄력성이다. 예전에는 회복 탄력성을 이야기할 때 상처 회복력, 역경 극복력 정도로 이해했지만 요즘 연구자들은 더 폭넓은 개념으로 바라본다. 스트레스, 도전, 역경 등에 대한 적응력, 빠른 회복력, 사전 준비 능력 등이 모두 포함된다.[5] 중요한 것은 크고 작은 다양한 역경과 실패에 대한 인식을 전환해 도약의 발판으로 삼는다는 것이다. 몸이 바닥까지 떨어졌다가 튀어 오르는 경험을 하면 그다음에 다시 바닥에 떨어져도 탄성이 붙어 스프링처럼 튀어 오를 수 있다.

여기에는 마음의 근력이 작용한다. 물질마다 탄성이 다르듯이 사람마다 마음의 근력도 다르고 탄성도 다르다. 즉 실패나 상처에서 회복하는 능력이 다르다는 의미다. 위기를 겪고 바닥으로 추락했을 때 그냥 주저앉아버리는 사람이 있는가 하면, 바닥을 치고 올라오는 탄성을 가진 사람들이 있다. 그리고 바닥으로 떨어졌다가도 강한 회복 탄력성을 디딤돌 삼아 다시 한 번 치고 올라오는 사람들 중에서는 오히려 예전보다 더 높은 위치로 올라가기도 한다.

이는 불행한 사건이나 역경, 실패에 대해 어떻게 의미를 부여하고 인식하느냐에 따라 달라진다. 이런 상황을 고정 마인드셋의 관점에서 바라보면 실패이며, 추락이고, 끝이다. 회복의 가능성을 인정하지 않으니 회복할 기회조차 주어지지 않는다. 반면 성장 마인드셋의 관점에서 보면 그것은 다른 시작이다. 그 방법이 아닌 것을 확인했으니 다른 방법을 시도해볼 수 있고, 그 길이 막다른 골목이니 다른 길로 가볼 수 있다.

이처럼 같은 상황도 어떻게 바라보고 인식하느냐에 따라 문제를 대하는 태도, 해결 방법, 그다음의 결과까지도 달라진다. 여기에는 마음의 근력과 더불어 긍정성이 작용한다. 수많은 리더들을 진단하고 관찰해오면서 깨달은 것 중 하나는 회복 탄력성이 높은 사람들은 예외없이 긍정적인 성향을 지니고 있다는 것이다.

바닥을 치고 도약하는
뉴 프로페셔널의 능력

회복 탄력성이라는 개념은 긍정심리학에서 유래했으며, 개인의 정신 건강을 연구하고자 등장한 개념이다. 위기와 역경이 닥쳤을 때 이에 맞서 다시 일어서며 더욱 단단해지는 능력을 일컫는다. 회복 탄력성에 관련한 많은 국내외 연구들이 있지만, 연세대 김주환 교수는 한국형 회복 탄력성 지수를 통해 회복 탄력성에 주요한 세 가지 요소를 제시하고 있다. 자기 조절력, 대인 관계력, 긍정성이 그것이다.[6] 이를 요약하여 정리해보면 다음과 같다.

자기 조절력

자기 조절력은 자신의 감정을 조절할 수 있는 능력이다. 자기 조절력이 뛰어난 사람들은 불필요한 감정에 휘둘려 화를 낸다거나 갑작스런 충동에 사로잡히지 않고 스스로를 통제할 수 있다. 그런데 스스로를 통제할 수 있으려면 무엇보다 문제의 원인을 분석하는 능력이 동반돼야 한다. 기분이나 감정 자체에 매몰되지 않고, 그런 감정이 유발된 이유와 원인이 어디에 있는지 찾아내어 문제를 해결한다. 감정과 팩트를 분리하는 것이다. 이처럼 원인을 분석한다는 건 성찰할 수 있다는 의미다. 성찰하는 사람은 감정의 노예가 되지 않으며, 문제의 책임을 섣불리 남의 탓으로 돌리지 않는다.

대인 관계력

회복 탄력성을 높이려면 나를 조절하는 것뿐 아니라 대인 관계력도 중요한데, 소통 능력, 공감 능력, 자아 확장력(자기 자신이 다른 사람과 연결되어 있다고 느끼는 정도)이 바탕이 된다. 그런데 우리나라 사람들의 대인 관계력은 생각보다 긍정적이지 않은 편이다. 주변 사람들과 자신을 비교하면서 경쟁 관계로 인식하는 경향 때문에, 언제든 뒤통수를 치거나 배신할 수 있는 관계로 보는 편이다. 그러다 보니 타인에게 함부로 속내를 드러내거나 약점을 보이면 안 된다고 생각한다.

그렇다면 대인 관계력은 왜 중요할까? 사적인 영역에서나 일터에서 친구나 지지자가 존재한다는 건 의미 있는 일이다. 우리 회사에서 리더나 직장인의 스트레스를 분석할 때 현재의 스트레스 수준을 들여다보면서 함께 점검하는 부분이, 본인의 문제를 털어놓고 이야기할 친구가 직장에 있는지 여부다. 최근에 상사에게서 업무에 대한 칭찬이나 피드백을 받은 경험이 있는지, 이도 없다면 가정에서는 직장의 문제를 배우자 또는 가족과 이야기하고 있는지 등을 본다. 안타깝게도 많은 직장인들이 조직 내에서 친구나 상사의 지지를 그다지 받고 있지 못한 실정이다. 쉽게 말해 스트레스 대처 자산이 없는 것이다.

한국은 조직 OECD 연구 결과에서도, 우리나라는 유독 다른 사람에 대한 신뢰 지수가 아주 낮은 나라로 분류된다. '타인을 믿을 수 있느냐'는 질문을 바탕으로 산출하는 신뢰도가 26%로, 회원국 평균치인 36%보다 10% 포인트나 낮다. 타인에 대한 신뢰도가 75%에 이르는 덴마크를 비롯해 노르웨이, 네덜란드, 스웨덴 등 신뢰도 상위권의 나라들과 비교하면 매우 낮은 수준임을 알 수 있다.

우리 모두는 나를 지지해줄 수 있는 사람들과의 관계가 필요하다. 한국 사회는 오랫동안 가정, 학교, 직장에서 성과 지향적 인생이 강조되면서, 오히려 삶을 진짜 풍요롭게 만들 수 있는 관계 자산에 대한 중요성을 많이들 간과하는 것 같다. 넓지 않더라도 신뢰할 수 있는 사람들과의 관계를 통해 소통과 공감, 자아 확장력을 다지며 실패를 극복하는 에너지를 얻는 연습을 해야 한다. 평소 이런 경험과 연습이 부족한 사람은 대인 관계력의 심리적 자산을 가진 사람보다 실패에서 회복할 확률이 낮아진다.

긍정성

마지막으로 긍정성이다. 여기에는 자아 낙관성, 생활 만족도, 감사하는 마음이 포함된다. 자신과 타인과의 관계, 그리고 상황에 대해 긍정적으로 생각하고 감사하는 마음을 갖는 것은 매우 중요하다. 긍정성이라는 것은 내가 지금 갖고 있지 않은 것에 집착하기보다는 나의 가능성이 만들어낼 수 있는 것에 집중하는 것과 연결된다. 긍정성이 높은 사람들은 단점이나 약점, 부족한 것에 매달리지 않고 자신의 강점과 미래 가능성에 시선을 돌린다. 긍정성을 가진 인재들은 현재의 실패에 좌절하지 않는 모습을 보이기도 하지만, 그 긍정성 덕분에 미래에 잠재력을 발휘할 자산을 차곡차곡 쌓아두는 것과 같다. 긍정성을 가진 사람들 옆에는 역시 긍정성을 가지고 연결하며 확장해주는 사람들과 기회가 모여들어 필요한 시점에 '포텐'을 터트린다.

조직에서도 잘못된 점이 무엇인지 들추어내고 '결점'에 기반한 관리를 하면 의도하지 않았던 결과들이 생기곤 한다. 부정적인 사실을 계속 파고들어 지적하다 보니 조직원들에게 피로감과 부정적 인식이 쌓이는 것이다. 그래서 '결점을 들추어내는 방식 말고 구성원들이 즐겁게 동참할 수 있는 변화의 방법이 없을까'를 많은 연구자들이 고민하게 되었고, 그 일환으로 나온 것이 최근 주목받고 있는 '긍정 심리학'이다.

긍정 심리학은 개인과 사회를 번영시키는 '강점과 장점'을 연구하는 심리학의 한 분야다. 특히 긍정 조직 행태 연구에서 가장 핵심적인 주제인 '심리적 자본(PsyCap, Psychological Capital)', 즉 개인과 조직이 목표를 달성하고 성과를 향상시키는 긍정적 심리 상태가 무엇인지에 대한 연구가 활발하다. 그렇다면 긍정 심리학을 바탕에 둔 접근 방식이 결점에 기반한 변화 관리보다 더 효과적일까? 답변은 '그렇다'이다. 이러한 접근은 앞에서 이야기한 고착 마인드셋과 성장 마인드셋의 접근 방식에서 나타나는 차이와도 일치한다.

긍정의 조직 문화는 앞으로 우리 조직의 지속 가능한 성장을 위해 더욱 중요해질 것이며, 긍정의 마인드와 분위기를 만드는 데 있어 리더의 역할은 무엇보다 중요하다. 믿어주고 기대하는 데서부터 조직과 사람은 창의력을 발휘한다. 그리고 실패 시 회복 탄력성도 높아진다.

공존을 위해 연대할 때
회복 탄력성도 커진다

회복 탄력성에도 연습이 필요하다. 나의 경우 즐거울 때는 외부와 연결되는 게 너무 좋은데, 감정이 가라앉을 때는 한없이 동굴을 만들어서 안으로 들어가는 경향이 있다. 이런 상황을 극복하기 위해서는 '사실'과 그 사실에 대해 주관적인 '감정'을 넣는 것을 분리할 수 있는 능력이 필요하다. 그렇게 분리하고 나면 불필요하게 추정하고 왜곡함으로써 실재하지도 않는 일에 감정적으로 휘둘리는 일을 줄일 수 있다.

이러한 접근은 정신 의학적으로 '인지 행동 치료(Cognitive behavioral therapy)'에서도 활용된다. 어떤 상황이 벌어졌을 때 '팩트'와 팩트에 대해 생각하는 '추정'을 분리하고, 추정을 감정에서 끄집어내는 것이다. 이것을 의도적으로 실행하려 노력하고 연습하면 마음이 단단해지는 데 확실히 도움이 된다.

상사가 기획안에 타깃 조사 항목이 빠져 있다며 싫은 소리를 했다고 가정해보자. 타깃에 대한 조사가 빠져 있다는 것, 즉 내가 실수했다는 것이 팩트다. 상사에게 싫은 소리를 들어서 기분이 나쁜 것은 감정이다. 이 둘을 분리할 필요가 있다. 기분이 나쁜 것보다 기획안을 실수 없이 보강하는 것이 먼저다. 이를 분리하지 못하는 사람은 상사가 한 싫은 소리에 기분이 나쁘고, 혹시 나를 미워하거나 망신을 주려는 의도가 있었는지를 추정하며 불필요한 감정에 휩싸인다. 그러다 보면 정작 해야 할 일을 놓치거나 상사와의 관계가 틀어질 수 있다. 이럴 때 가장 중요한 것은 '사실'과 '감정'을 분리하는 것이다. 그러면 불필요한 자기 비난과 관계 악화 및 상황을 부정적으로 인식하는 데서 상당 부분 벗어날 수 있다.

회복 탄력성은 혼자가 아니라 함께 증폭시켜나가야 한다. 스스로 자신의 마음을 다스리는 것도 중요하지만 주변 사람들로부터 에너지를 얻는 것도 필요하다. 우리는 사회적 동물이고 결국 관계망 속에서 살아간다. 결국 사람은 서로 소통하고 공감함으로써 사람으로부터 위로를 얻고 연대해야 한다. 나를 이해하는 누군가가 있다는 것, 함께해줄 사람이 있다는 것만으로도 회복 탄력성은 높아진다.

우리 사회를 돌아보면, 팽창 사회를 거치면서 무례함과 비교, 경쟁하는 분위기가 사회적 피로를 높여왔던 것 같다. 이로부터 탈출하고 싶은 사람들이 늘어나면서 타인으로부터 거리를 두고 살아가기를 원하는 사람들이 많아졌다. 그런데 동시에 아이러니하게도, 그들은 소셜 네트워크 서비스를 통해 연결되길 원하고, 보여지는 것을 통해 인정받길 원한다. 다른 이와 함께 있기 위해 치러야 하는 피곤함은 건너뛴 채, 내가 보여주고 싶은 모습만 보여주려 하는 일방적 관계 또한 건강하지는 못하다.

최근에는 직장 내 세대 갈등이 심화된 데다 코로나 블루까지 겹치면서 삶의 질과 내적 문제에 대한 관심이 커지고 있다. 우리는 양적 성장과 물질적 풍요로움을 추구해온 지난 날이 가져온 그림자를 매일매일 비극적인 뉴스를 통해 확인하고 있다. 또 사회적으로도 자존감이나 직장 내 스트레스, 우울증 등에 대한 관심이 현저히 높아진 상태다.

코로나는 아이러니하게도 사람 간의 거리를 더욱더 떨어뜨려 놓았다. 이러한 변화는 온전히 사람들로 하여금 나를 좀 더 들여다보는 시간을 제공하고 있다. 나는 누구일까. 보여지기 위한 삶을 배제한다면 나는 무엇을 할 때 가장 행복한가. 나는 어떠한 일을 통해 다른 사람과 다른 가치를 찾을 수 있을까. 직장과 직급이 아닌, 나는 어떠한 일로 나를 설명할 수 있을 것인가. 우리는 어딘가에 소속된 내가 아닌, 온전한 인간으로서의 나를 이해할 필요가 있다.

나를 이해한다는 것은, 결국 다른 이를 이해하는 것이다. 그래야 혼자서 일할 수 있지만, 혼자서는 가치를 만들어내기 어려운 새로운 패러다임의 시대를 이해하고, 살아갈 수 있다. 팽창 시대의 그늘을 넘어 좀 더 성숙하고 인간 스스로의 우아함을 믿는, 느슨한 연대가 필요한 시대다.

언제나 변화의 경계를 넘는 일은 고통을 수반한다. 하지만 어떻게 공존하고 공생할 것인가를 고민하는 이들이 결국 새로운 시대의 기준을 세우고, 그들을 중심으로 새로운 질서가 재편될 것이다.

참고 문헌

1장 | 관리와 통제의 시대는 완전히 끝났다

1 "Connecting Talent with Opportunity in the Digital Age" / McKinsey, 2015. 6.
2 "제2의 비트코인'으로 불리는 NFT" / 위키트리 / 2021. 4. 16 /
   https://www.wikitree.co.kr/articles/639374
   "암호화폐 블루칩 NFT, 미술 시장 안착할까" / 이코노미조선 / 2021. 4. 19. /
   http://economychosun.com/client/news/view.php?boardName=C08&t_num=13610648
3 "현실을 무너뜨리는 가상…두렵다, 욕망이 키우는 아바타" / 경향신문 / 2021. 4. 1. /
   http://news.khan.co.kr/kh_news/khan_art_view.html?art_id=202104012133005
   "가상 지구 투자하는 MZ…'8만원' 싹쓸이한 반포, 50배 됐다" / 중앙일보 / 2021. 2. 21. /
   https://news.joins.com/article/23996446
   "고령화 시대 한국 기업, 성별·나이·배경의 다양성 확대 시급하다"
   / Harvard Business Review / 장은지 / 2019년 3-4월호
4 "1년 차 이하 신입사원 퇴사율 가장 높다… 퇴사 이유 1위는?" / 동아닷컴 / 2018. 3. 6. /
   https://bizn.donga.com/3/all/20180306/88971124/2
5 "2015 Internet Trends" / Kleiner Perkins, Mary Meeker / 2015. 5.
6 World Economic Forum / 2020. 6. / https://www.weforum.org/great-reset/
7 "Facebook Expects Half Its Employees To Work Remotely Permanently" / 2020. 5. /
   https://www.npr.org/sections/coronavirus-live-updates/2020/05/21/860382831/facebook-
   expects-half-its-employees-to-work-remotely-forever
8 "The New Reality of WFH" / Harvard Business Review / Ethan S. Bernstein 외 / 2020년
   11-12월호
9 2010~2020 상장사 가이던스 발표 대비 달성률
10 "현대차 정의선 '밀레니얼 세대, 車 소유가 아닌 공유 희망해" / 머니투데이 / 2019. 5. 23. /
   https://news.mt.co.kr/mtview.php?no=2019052315420227957&vgb=autom

2장 | 조직을 리셋시키는 혁신적 질문들

1 "Smart Rules: Six Ways to Get People to Solve Problems Without You" / Boston Consulting Group / 2011. 10.
2 상장보험사 직원 생산성 37% 하락… 오렌지라이프 최고" / 소비자가만드는신문 / 2019. 11. 22. / http://www.consumernews.co.kr/news/articleView.html?idxno=535182 "'코로나 영향' 생보 임직원 1인당 생산성 하락" / 한국보험신문 / 2020. 11. 29. / https://insnews.co.kr/m/news_view.php?firstsec=1&secondsec=12&num=63731
3 "참지 않는 밀레니얼 세대를 위한 토스의 조직 문화 실험" / 플래텀 / 2018. 12. 24. / https://platum.kr/archives/113582

3장 | 개인을 리셋시키는 뉴 프로페셔널 법칙

1 "Co-Creating the Employee Experience" / Harvard Business Review / 2018 3-4월호, Lisa Burrell
2 "일본은 내일부터 '정년 70세' 시대" / 조선일보 / 2021. 3. 31. / https://www.chosun.com/international/2021/03/31/4WMHCABXNNCSBME5AAJJHF543I/ "일본 '80세 정년 회사' 등장… 정년제 없앤 기업도 2.6%" / 한국경제 / 2020. 7. 26. / https://www.hankyung.com/international/article/202007269205i
3 "Psychological Safety and Learning Behavior in Work Teams" / Amy Edmondson / 1999 "The Fearless Organization: Creating Psychological Safety in the Workplace for Learning, Innovation and Growth" / Wiley / 2019
4 "The diversity and inclusion revolution: Eight powerful truths" / Deloitte / 2018. 1.
5 "코로나19는 '마지막 팬데믹'이 아니다" / BBC뉴스 / 2020. 6. 10. / https://www.bbc.com/korean/international-52973778
6 "벚꽃 피는 순서대로 문 닫는 대학들… 3년 후가 더 위기" / 아주경제 / 2021. 3. 9. / https://www.ajunews.com/view/20210309151958364

4장 | '나'와 '나의 일'을 리드하는 커리어 생존 전략

1 『Frames of Mind 』/ Howard Gardner / 1983

2 『인간 본성의 법칙』/ Robert Greene / 위즈덤하우스 / 2019

3 "1000만 명 먹여 살릴 AI인재 1000억 주고라도 데려와야" / 매일경제 / 2019. 7. 2. /
https://www.mk.co.kr/news/economy/view/2019/07/480207/

4 "Learning About Learning Agility" / Center for Creative Leadership / 2014

5 오바마, 드라마틱한 '이야기꾼' 세종대왕, 냉철한 'CEO형 군주' 오바마 / 경향신문 / 2009. 3. 17. /
http://news.khan.co.kr/kh_news/khan_art_view.html?art_id=200903171803495

6 "빅데이터 분석은 공감에 기반한 스토리텔링 만들기" / 서울신문 / 2020. 4. 15. /
https://www.seoul.co.kr/news/newsView.php?id=20200416027004&wlog_tag3=naver

7 『베조스 레터』/ Steve Anderson / 리더스북 / 2019

8 "High potentials as high learners" / Lombardo & Eichinger / 2000
"Developing the expert leader" / McCall & Hollenbeck / 2008

5장 | 내 안의 잠재력을 끌어올리는 마인드 리셋

1 "2020-2025 WEF 일자리 미래 보고서(The future of jobs report)" / World economic forum /
https://www.weforum.org/reports/the-future-of-jobs-report-2020

2 "인공지능에 의한 일자리 위험 진단" / LG경제연구원, 김건우 / 2018. 5.

3 "Mindset: The New Psychology of Success" / Carol S. Dweck / 2007. 12.

4 "어쩌면 코로나보다 더 무서울지 모릅니다 '기후변화 팬데믹'" / 경향신문 / 2020. 12. 31. /
http://news.khan.co.kr/kh_news/khan_art_view.html?art_id=202012310600015
"기후위기 못 막으면 '제2의 코로나' 확산할 것" / 연합뉴스 / 2020. 12. 14. /
https://www.yna.co.kr/view/AKR20201211101500501

5 "회복 탄력성이 조직구성원의 혁신행동에 미치는 영향" / 부산대학교 / 2014

6 『회복 탄력성』/ 김주환 / 위즈덤하우스 / 2019

7 "Society at glance" / OECD 2016 report / 2016. 10.

8 "긍정 심리학의 현황과 과제" / 우종민 & 최승미 / 2007

리셋하고 리드하라

초판 1쇄 발행 2021년 5월 20일 **초판 2쇄 발행** 2022년 10월 5일

지은이 장은지
펴낸이 이승현

편집1 본부장 한수미
라이프 팀장 최유연
편집 김소정
디자인 신나은
원고 정리 최서윤

펴낸곳 ㈜위즈덤하우스 **출판등록** 2000년 5월 23일 제13-1071호
주소 서울특별시 마포구 양화로 19 합정오피스빌딩 17층
전화 02) 2179-5600 **홈페이지** www.wisdomhouse.co.kr

ⓒ 장은지, 2021

ISBN 979-11-91583-54-0 03320